Foen Tjoeng Lie

Wissenswertes vom Qi-Gong

Was Sie schon immer vom Qi-Gong wissen wollten

ISBN 3-928288-1

3. Auflage 2006
© Copyright 1993 by Kolibri Verlags GmbH, Hamburg
Alle Rechte vorbehalten

Titelfoto: Kolibri Seminare
Satz: Klaus Dreyer
Druck und Verarbeitung:
Hans Steffens Graphischer Betrieb GmbH, Hamburg

Inhaltsverzeichnis

Qi-Gong und Sexualität

Vorwort

Qigong hat in den letzten Jahren sehr an Popularität gewonnen. Neben den vielen Seminarangeboten werden immer häufiger Vorträge über Qigong auf den zahlreicher werdenden Veranstaltungen gehalten und Artikel in vielen Zeitschriften veröffentlicht. Auch in meiner langjährigen Tätigkeit als Seminar- und Ausbildungsleiter für Qigong wurde und werde ich immer wieder mit vielen Fragen konfrontiert.

Es ist erfreulich, daß ein großes Interesse an dieser fernöstlichen Lebenskunst besteht und sich eine so rege Diskussion darüber entwickelt hat. Mit diesem Buch versuche ich, zumindest auf einen Teil der zahlreichen Fragen eine Antwort zu geben. Und ich hoffe auch, daß dieses Buch einen kleinen Beitrag zum Verständnis und zur weiteren Verbreitung von Qigong leisten kann.

Ich danke ganz herzlich meinem Kollegen, Helmut Oberlack, für seine unermüdliche Hilfeleistung und freundliche Unterstützung. Ebenso möchte ich bei den vielen TeilnehmerInnen meiner Seminare und Ausbildungen dafür danken, daß sie mich bei meiner Arbeit mit Qigong begleitet und durch das gemeinsame Üben gefördert haben. Ohne sie alle wäre die Veröffentlichung dieses Buches kaum möglich gewesen.

An dieser Stelle möchte ich die LeserInnen einladen, mir ihre Fragen über Qigong zukommen zu lassen, falls ihnen dieses Buch keine passende Antwort geben kann. Ich werde mich bemühen, die interessantesten Fragen bei der nächsten Gelegenheit aufzunehmen und bedanke mich im voraus bei den mitwirkenden LeserInnen für ihre Hilfe.

Foen Tjoeng Lie
Norderstedt, den 16. August 1993

Allgemeines zu Qi-Gong

Qi-Gong ist eine traditionelle Methode zur Vorbeugung und Behandlung von Krankheiten sowie zum mentalen Training bzw. zur geistigen Schulung (Meditation).
Etymologisch bedeutet das Wort Qi[1] unter anderem "Lebensenergie" bzw. "vitale Funktionen" und Gong[2] unter anderem "Fertigkeit" bzw. "Fähigkeit". Im allgemeinen versteht man unter Qi-Gong in etwa "die Fertigkeit, mit der Lebensenergie zu arbeiten" sowie die Übungen dazu (Lian-Qi De Gong-Fu).

Man unterscheidet Qi-Gong:
1. nach dem Erscheinungsbild in *Nei-Gong* (inneres Qi-Gong), dessen Übungen man in Ruhe durchführt und *Wai-Gong* (äußeres Qi-Gong), dessen Übungen mit oder in Bewegung durchgeführt werden,

Was ist Qi-Gong?

---

1) Qi ist wörtlich zu übersetzen mit Gas, Luft, Atem, Geruch, Wetter und geistiger Ausstrahlung. In der traditionellen chinesischen Medizin wird es als physiologische Aktivität, Vitalität bzw. Lebensenergie verstanden.
2) Gong ist zu übersetzen mit Wirkung, Verdienst, Bemühung, Können, Fertigkeit und Geschicklichkeit. In Zusammenhang mit Fu, wie in Gong-Fu (Kungfu), häufig als Kampfkunst schlechthin verstanden, bedeutet es Arbeit, Anstrengung, Mühe, Fähigkeit und Fertigkeit. In Zusammenhang mit Ke bedeutet es Aufgabe, Arbeit und Übung.

2. nach der Methodik in *Jing-Zuo-Pai* (die Schule der Stille), das die innere Stille betont, *Tu-Na-Pai* (die Schule der bewußten Atemführung), das bestimmte Atemtechniken betont und *Lian-Dan-Pai* (die Schule der inneren Alchemie), die die Willensteuerung und Qi-Regulierung hervorhebt,

3. nach der Herkunft weiter in *Ru-Jia* (konfuzianische Schule), *Dao-Jia* (daoistische Schule), *Fo-Jia* (buddhistische Schule), *Yi-Jia* (medizinische Schule) und *Wu-Jia* (Schule der Selbstverteidigung).

Unabhängig von der Form, Methodik und Herkunft ist das Ziel der verschiedenen Qi-Gong-Übungen, die geistige Kraft zu mobilisieren, die Atmung zu regulieren und die Körperhaltung und -bewegung in natürlicher Art einzunehmen und zu gestalten.

Die typische Vorgehensweise der Qi-Gong-Übungen, nämlich die Regulierung und Formung der Willenskraft, des Qi, der Körperhaltung und der Bewegung, bewirkt:

Was bewirkt Qi-Gong?

1. eine Regulierung des *Zentralnervensystems,* die unter anderem die Aktivität der Großhirnrinde beruhigt und dadurch die Funktionsaktivitäten der verschiedenen inneren Organe optimal reguliert und koordiniert,
2. eine *Besserung der Atemfunktion,* eine *Harmonisierung der Qi-Aktivitäten* und dadurch auch eine bessere Möglichkeit zur Mobilisierung der Qi-Reserve,
3. eine *Optimierung der Funktionsfähigkeit* der verschiedenen Systeme (Bewegungsapparate und innere Organe), so daß die Zusammenwirkung im Sinne der gegenseitigen Unterstützung und Ergänzung verbessert werden kann, und
4. eine *Harmonisierung und Stabilisierung der Psyche,* so daß die Psyche im Gleichgewicht bleibt und die Funktionsaktivitäten des vegetativen Nervensystems stabil werden.

Demnach ist Qi-Gong aus Sicht des gesamten Organismus eine ganzheitliche Methode zur Vorbeugung und Behandlung von Funktionsstörungen oder Krankheiten.
In chinesischen Sanatorien und Kliniken wurde beobachtet, daß verschiedene Erkrankungen und Beschwerden, auch im Bereich der Psychosomatik, durch Qi-Gong-Behandlung geheilt werden konnten bzw. deren Zustand sich stark verbesserte.

So konnte der Blutdruck eines Patienten nach regelmäßigen Qi-Gong-Übungen über einige Monate stabilisiert werden und zugleich verschwanden seine nervösen Magenbeschwerden. Eine Frau, die wegen Unfruchtbarkeit Qi-Gong monatelang geübt hat, wurde schwanger und zugleich wurde ihre Neurodermitis allmählich geheilt. Ein weiterer Patient hat durch Qi-Gong nicht nur besser schlafen und sich konzentrieren können, sondern auch seine nervösen Herzbeschwerden traten weniger häufig und stark auf.

Was ist Nei-Gong?

Beim *Nei-Gong* bzw. *Nei-Qi-Gong* (inneres Qi-Gong) wird das Ziel der Aufgabe unter anderem in der inneren Stille gesehen. Normalerweise führt man die Übungen in stiller Ruhe aus, nachdem man eine bestimmte Körperhaltung (liegend, sitzend oder stehend) eingenommen hat. Deshalb wird es auch *Jing-Gong* (Übungen in Ruhe) genannt. Diese Übungen werden vorwiegend zur Vorbeugung und Behandlung von Krankheiten und Beschwerden, insbesondere nervöser Natur, sowie zur Meditation eingesetzt.

Zu Nei-Gong werden:
a) Nei-Yang-Gong (Übungen zur inneren Pflege und Regulation),
b) Fang-Song-Gong (Entspannungsübungen),
c) Qiang-Zhuang-Gong (Übungen zur Kräftigung),
d) Zhan-Zhuang-Gong (Übungen der stehenden Säule),
e) Dan-Tian-Gong (Dan-Tian-Übungen),
f) Zhou-Tian-Gong (Übungen des Qi-Kreislaufs bzw. himmlischen Kreislaufs)
und andere mehr gezählt.

Was ist Wai-Gong?

Wai-Gong bzw. *Wai-Qi-Gong* (äußeres Qi-Gong) ist im Gegensatz zum Nei-Gong unter anderem durch Körperbewegungen oder Fortbewegung gekennzeichnet. Daher nennt man es auch *Dong-Gong* (Übungen mit Bewegungen und/oder Fortbewegungen). Ähnlich wie beim Nei-Gong werden diese Übungen zur Vorbeugung und Behandlung von Krankheiten eingesetzt. In den Schulen der Selbstverteidigung werden sie auch zur körperlichen Kräftigung und besseren Konzentration angewendet.

Zu Wai-Gong zählt man:
a) Bao-Jian-Gong (Übungen zur Gesundheitspflege),
b) Ba-Duan-Jin (Acht Brokatübungen),
c) Shi-Er-Duan-Jin (Zwölf Brokatübungen),
d) Yi-Jin-Jing (Übungen zur Muskelkräftigung),
e) Wu-Qin-Xi (Übungen der fünf Tiere),
f) Xing-Bu-Gong (Heilspaziergang),
g) Tai-Ji-Quan (chinesisches "Schattenboxen")
und andere mehr.

Was ist Ying-Gong?

Ying-Gong bzw. *Ying-Qi-Gong* (hartes Qi-Gong) ist eine Qi-Gong-Art, die zur Demonstration der Fertigkeit der Qi-Beherrschung, durch die Qi-Steuerung und die hohe Konzentration eingesetzt wird. Dafür werden körperliche Fähigkeiten, technische Fertigkeiten und physikalische Gesetze (u. a. die Mechanik) genutzt.

Bekannt sind Demonstrationen während derer ein schweres Gewicht auf dem Bauch getragen und durch einen Hammer zerschlagen, eine dicke Eisenstange mit den Händen verbogen, eine dicke Steinplatte mit dem Kopf, der Faust oder der Handkante zerschlagen wird oder die Spitze einer Lanze gegen die Kehle gedrückt wird.

Übungen zur Willenssteuerung sind die Voraussetzung, um Qi mit der geistigen Kraft zu beherrschen und solche Übungen ausführen zu können. Zudem muß der Körper abgehärtet werden. Dafür wird er beispielsweise mit Holz- oder Metallkeulen, oder ein Sandsack mit der Faust oder Handkante geschlagen. Diese Übungen werden auch in den Schulen der Selbstverteidigung (Wu-Shu) eingesetzt und viele Könner der Ying-Gong-Demonstration stammen aus den bekannten Wu-Shu-Schulen. Daher bezeichnet man es auch als Wu-Shu-Qi-Gong (Qi-Gong der Selbstverteidigungsschule).

Dazu zählen:

a) Tie-Bu-Shan (Eisenhemd-Qi-Gong),

b) Jin-Zhong-Zhao (Qi-Gong der goldenen Glockenhaube),

c) Shao-Lin Qi-Gong (Qi-Gong des buddhistischen Heiligtums Shao-Lin)

und andere.

Nach Ansicht der traditionellen chinesischen Medizin (TCM) wird eine Krankheit oder Funktionsstörung unter anderem durch eine Störung des Gleichgewichts zwischen Yin und Yang, eine Dysregulation im Qi und Blut, fehlgeleitetes bzw. blockiertes Qi und die innere Krankheitsbereitschaft (Disposition) hervorgerufen.

Welche Krankheiten können mit Qi-Gong behandelt werden?

Qi-Gong bewirkt eine Harmonisierung von Yin und Yang, eine Regulation von Qi und Blut, eine Optimierung des Qi-Flusses in den Meridianen und einen Aufbau des regulären Qi (Zhen-Qi bzw. Zheng-Qi[3]). Demnach ist die Einsatzmöglichkeit des Qi-Gong in der Therapie sehr vielfältig (siehe auch: Was bewirkt Qi-Gong?, S. 13).

Kurz gesagt können mit Qi-Gong alle Erkrankungen und Funktionsstörungen, bei denen die Heilung bzw. Besserung durch die eigene Regulations- und Anpassungsfähigkeit des Organismus möglich sind, erfolgreich behandelt werden.

Beispiele dafür sind funktionelle Erkrankungen der inneren Organe, psychosomatische und funktionelle Erkrankungen sowie konstitutionelle/konditionelle Erkrankungen.

---

3) Unter Zhen-Qi bzw. Zheng-Qi versteht man in der TCM die Antriebskraft, Funktionsfähigkeit, Regulationsfähigkeit bzw. Abwehrkraft des Organismus.

Anhang I: Indikationstabelle

Verschiedene chinesische Quellen geben folgende Indikationen an (ohne Anspruch auf Vollständigkeit):

Allergien

Arthritis / primär-chronische   Polyarthritis (PCP)

Asthma bronchial

Bluthochdruck (Hypertonie)

Bronchitis

Colitis ulzerosa

periphere Durchblutungsstörungen

Erkältungen

Gehirnerschütterung

Glaukom

Hämorrhoiden

Harnblasenentzündung

(chron.) Hepatitis

funktionelle und rheumatische Herzerkrankungen

Erkrankungen der Herzkranzgefäße (coronale Insuffizienz)

Hörstörungen wie Tinitus (Ohrensausen)

Hyperhydrosis (starke Schweißausscheidungen)

Ischialgie/chron. Rücken- und Kreuzschmerzen

klimakterische Beschwerden (Wechseljahre)

Kopfschmerzen/Migräne

einige Krebsarten sowie der Zustand nach der Krebstherapie (durch Operation, Medikamente und Bestrahlung)

Kreislaufbeschwerden (hypotonisches Syndrom)

Kurzsichtigkeit

Lähmungen (insbesondere in Folge eines
  Schlaganfalls, Kinderlähmung und periphe-
  re Lähmungen)
Lungen-Emphysem (Lungenblähung)
nervöse Magenbeschwerden (sog. Gastri-
  tis/Magen-Neurose)
Magen- und Zwölffingerdarmgeschwüre
Ménière-Krankheit
Menstruationsbeschwerden
Morbus Crohn
neurasthenisches Syndrom/vegetative Dysto-
  nie
Neurodermitis
Niereninsuffizienz
Nierensteinbildung
Potenzstörungen
Reisekrankheit (Nausea)
Prostata-Hypertrophie
Schlafstörungen
Schmerzzustände diverser Genesen
Schulter-Arm-Syndrom
Schwerhörigkeit/Hörsturz
Tennis-Ellenbogen
Tuberkulose
Urtikaria
Verdauungsstörungen
Verstopfung
Fehlhaltungen der Wirbelsäule wie Skoliose
  und Kyphose
sog. Zucker-Krankheit (Diabetes mellitus)

Therapeutische Aspekte des Qi-Gong

Ist Qi-Gong eine Psychotherapie?

Methodisch gesehen ist Qi-Gong *keine* Psychotherapie, obwohl es dafür viele Ansätze (Übertragung, Suggestion, Verhaltensänderung etc.) gibt. Beim Qi-Gong sind jedoch, im Sinne der Tiefenpsychologie, vor allem die Möglichkeiten zur Erkennung der Ursache und zur bewußten Bearbeitung der Konflikte unzureichend.

Viele Übungen des Qi-Gong können aber bei Behandlungen der psychischen und psychosomatischen Erkrankungen im Sinne der (begleitenden) bioenergetischen Körperarbeit eingesetzt werden, denn Qi-Gong-Übungen können folgendes bewirken:

1. eine *Hemmung der Hyperaktivität der Großhirnrinde*, z. B. durch Fang-Song-Gong (Entspannungsübungen), Nei-Yang-Gong (Übungen zur inneren Pflege bzw. Regulation), Dan-Tian-Gong (Dan-Tian-Übungen),

2. eine *Besserung der Funktionsregulierung und -koordinierung des Zentralnervensystems und vegetativen Nervensystems*, z. B. durch Ba-Duan-Jin (Acht Brokatsübungen), Zhan-Zhuang-Gong (Heilspaziergang), Tai-Ji-Quan (chin. "Schattenboxen"),

3. eine *Erhöhung der Fähigkeit zur Selbstkontrolle* (siehe 2.),

4. eine *Befreiung der blockierten emotionellen Energie*, z. B. bei Wu-Qin-Xi (Übungen der fünf Tiere), He-Xiang-Zhuang-Gong (Übungen des fliegenden Kranichs),

5. eine *Aufheiterung der psychischen Stimmung und körperliches Wohlbefinden*, z. B. durch (fast) alle Übungen aus dem Wai-Gong,

6. eine *Möglichkeit zur Reflektierung der eigenen Person, Handlungen und Empfindungen*, z. B. durch Nei-Shi-Fa (Methode der inneren Betrachtung), Xiao-Zhou-Tian-Gong (Übungen des kleinen Qi-Kreislaufs), Zuo-Chan (Za-Zen-Meditation) und andere meditative Übungen und

7. eine *Stärkung des Selbstvertrauens/Selbstbewußtseins.*

Unabhängig von den Qi-Gong-Übungsarten kann man innerhalb relativ kurzer Zeit die Wirkung am eigenen Leibe erfahren. Um die Besserung oder gar die Heilung zu festigen, muß man aber über längere Zeit weiter üben. Dazu benötigt man eine stabile Selbstdisziplin, die als positiven Effekt auch ein Ordnen des Innenlebens[4] bewirkt.

---

4) Die TCM versteht unter seelischen Krankheiten, vereinfacht gesagt, auch eine Unordnung des geistigen Qi, die sich in verschiedenen Funktions- und Organsystemen manifestieren kann.

Gibt es Kontra-indikationen für Qi-Gong?

Bei einer solchen großen Vielfalt der Qi-Gong-Arten findet man in der Regel leicht eine Übung, die zur Behandlung einer bestimmten Krankheit oder Funktionsstörung geeignet ist. Dennoch gibt es für manche Situationen gewisse Einschränkungen. Am besten fragt man einen erfahrenen Qi-Gong-Therapeuten oder -Trainer, der das Wesen der verschiedenen Qi-Gong-Arten kennt. Für gewöhnlich kann er eine geeignete Übung heraussuchen oder von einer bestimmten Übung abraten.

Im großen und ganzen gelten folgende Verhaltensweisen:

Bei schwerwiegenden Psychosen oder bei einer psychischen Krise sollte man vor allem keine Qi-Gong-Übungen, die psychisch tiefgreifende meditative und emotional befreiende Übungen wie He-Xiang-Zhuang-Gong (Übungen des fliegenden Kranichs) ohne therapeutische Begleitung ausführen.

Bei allen Erkrankungen, bei denen die Qi-Gong-Behandlung nach einer gewissen Dauer (ca. 2-3 Monate) keinerlei Besserung herbeiführt und bei denen die Bewegungen, Körperhaltungen, Atemtechnik der Qi-Gong-Übungen usw. schaden könnten, sollte man die Behandlung unterbrechen und eine andere adäquate Qi-Gong-Art oder gar eine andere Therapie-Form aussuchen.

Wai-Qi Liao-Fa ist eine für den Patienten passive Form der Qi-Gong-Behandlung. Dabei steuert der Qi-Gong-Therapeut das eigene Qi bewußt und überträgt es über die Fingerspitze oder den Handteller auf den Patienten, gewöhnlich auf die erkrankten Stellen oder Akupunkturpunkte und meist ohne den Patienten zu berühren. Der Patient nimmt dabei oft bestimmte Gefühle wie Schwere, Dehnung, Taubheit, Kribbeln, Wärme oder Kälte wahr. Er reagiert darauf manchmal passiv, wird ruhig und entspannt; manchmal mit unwillkürlichen Zuckungen oder gar mit Bewegungen, wildem "Tanzen", emotionalen Ausbrüchen (schreien, Beschimpfen, um sich schlagen, heulen, lachen etc.). Nach der Behandlung kommt der Patient in der Regel ohne Komplikationen wieder zu sich und sagt, daß er sich ganz wohl fühle.

In China wird Wai-Qi Liao-Fa gewöhnlich angewandt bei:
1. Patienten, die noch keinerlei Qi-Gong-Übungen erlernt haben,
2. bestimmten schweren Erkrankungen, bei denen der Patient Qi-Gong noch nicht aktiv üben kann, oder
3. zur Krisen-Intervention und zur Schmerzbehandlung.

Wie diese spezielle Qi-Gong-Methode genau funktioniert, ist bis heute noch nicht ausreichend erforscht. Man nimmt an, daß das Qi des Therapeuten wie ein Signal (Information)

Was ist die Qi-Gong-Behandlung durch das äußere Qi?

von dem Patienten wahrgenommen wird, das eine Reihe von Reaktionen für die Heilung der betreffenden Krankheit auslöst.

Erwiesen ist, daß viele Qi-Gong-Therapeuten in der Lage sind, willentlich das Qi in einer bestimmten Stelle, der Fingerspitze und dem Handteller, zu konzentrieren. Dieses kann in Form der physikalischen Phänomene wie Wärme, Infrarot, elektromagnetische Wellen etc. sichtbar gemacht werden. Ob dies allein die Heilungsprozesse herbeiführen bzw. verstärken, bleibt noch zu klären.

Sicher ist aber auch, daß die Möglichkeit, dabei "wie ein Verrückter" in einer halbwegs öffentlichen Situation[5] aufzutreten (austoben, schreien, heulen, beschimpfen, um sich schlagen usw.), eine fördernde Wirkung auf die Heilung besitzt. Ein solches Verhalten bedeutet für Chinesen die Durchbrechung eines Tabus und wirkt emotional befreiend.

Aber genau so sicher ist es auch, daß die Bereitschaft der Patienten, Hilfe durch außergewöhnliche Möglichkeiten – auch für Chinesen ist die Behandlung mit dem äußeren Qi sensationell – anzunehmen, eine Rolle spielt (Stichwort: Positiv-Denken und Placebo-Effekt).

---

5) In China werden die Patienten gewöhnlich zu mehreren in einem Raum, in dem die Familienangehörigen und andere wartende Patienten, gleichzeitig und nebeneinander von mehreren Therapeuten behandelt.

Das Erlernen des Qi-Gong

Es gibt nicht nur sehr unterschiedliche Qi-Gong-Arten, sondern auch verschiedene Möglichkeiten, Qi-Gong zu erlernen, z. B. bei einem Qi-Gong-Trainer bzw. -Therapeuten oder im Selbststudium, in einer Gruppe oder alleine. Bei jeder Art des Erlernens sollte man – unabhängig von Methodik und Qualität des Unterrichts – folgendes beachten:

Was sollte beim Erlernen von Qi-Gong beachtet werden?

1. Korrekte Vorgehensweise der Übung

– Richtige Körperhaltung und Bewegungen
Beides ist eine Voraussetzung für eine natürliche Entspannung und Bequemlichkeit sowie für die Atemführung, geistige Führung und innere Stille.
– Korrekte Atemführung
Abgesehen von der bestimmten Atemtechnik, die zu jeder Qi-Gong-Art speziell ausgesucht wird, sollte die Atmung im allgemeinen folgende Merkmale haben: natürlich fließend, ruhig und gelassen, ungezwungen, gleichmäßig, langsam und tief. Auf jeden Fall sollte man während und nach der Übung keinerlei Beschwerden oder Beklemmungsgefühle im Brustkorb bekommen.

– Hohe geistige Konzentration
Nur wenn man mit Leib und Seele bei der Übung bleibt, d.h. geistig nicht abgelenkt wird, kann man optimal den eigenen Willen schulen und steuern. Dies ist besonders für eine richtige Vorgehensweise und die Wirksamkeit der Qi-Gong-Übungen wichtig.

– Allgemeines Wohlbefinden
Nach der Übung sollte man keine unangenehmen Reaktionen wie Unruhe, Schlaflosigkeit, Schwindelgefühl, Kopfschmerzen, Völlegefühl, Müdigkeit etc. spüren. Viel mehr sollte man eine körperliche Entspannung, geistige Erfrischung, stimmungsmäßige Aufheiterung und erhöhte geistige Konzentration erleben.

– Sich Zeit nehmen und Geduld haben
Bei vielen Qi-Gong-Übungen sind Wirkungen sehr schnell zu spüren. Doch die optimalen Wirkungen können sich nur bei einer fachgerechten Ausführung entfalten. Diese ist abhängig von der korrekten Unterweisung, der persönlichen Begabung und vor allem von der Regelmäßigkeit und Häufigkeit des Übens. Dazu braucht man auch eine gewisse Gelassenheit und Geduld. Man sollte sich nicht zwingen, innerhalb einer festgelegten Zeit eine bestimmte Stufe der Fähigkeit zu erlangen.

2. Besserung des Zustands

In der Regel werden die Beschwerden einige Zeit nach Beginn der Übung gelindert. Der Allgemeinzustand, die Konstitution und Kondition bessern sich ebenfalls allmählich: Appetit, Verdauung, Schlaf, geistige Konzentration und körperliche Belastbarkeit. Diese Merkmale der Qi-Gong-Wirkungen sind zugleich auch Kriterien, um zu beurteilen, ob die Übungen korrekt ausgeführt werden.

Das Dan-Tian

Was ist das Dan-Tian?

Dan-Tian, oft als "Zinnober-Feld" übersetzt, ist ein Fachausdruck der daoistischen Meditation. Die alten hohen daoistischen Priester, die oft zugleich Alchemisten und Ärzte gewesen waren, bezeichneten das Qi, das sie nach jahrelanger Übung willentlich an eine bestimmte Stelle lenken konnten, als Dan.

Unter *Dan* versteht man zum einen Zinnober, das damals unter schwierigen Bedingungen und mit Verfahren, die nur Eingeweihten bekannt waren, hergestellt wurde, und zum anderen auch Medikamente aus seltenen, wertvollen Arzneimitteln, die in der Regel in Form einer Pille von roter Farbe verabreicht werden. Damit will man die Wertschätzung dieses lenkbaren Qi, das für die Erhaltung der Gesundheit und die Behandlung der Krankheit besonders wertvoll ist, ausdrücken.

Tian bedeutet wörtlich "Feld" bzw. "Ackerland". Der Ort, an dem dieses Qi während der Qi-Gong-Übungen am besten zu spüren ist, also "gesät und geerntet" wird, wird Dan-Tian genannt. Demnach ist das Dan-Tian ein Areal und kein punktuelles Gebilde.

Man spricht im allgemeinen von drei verschiedenen Stellen: Oberes, mittleres und unteres

Dan-Tian[6]. Wenn man aber schlicht "Dan-Tian sagt", meint man in der Regel das untere. Je nach Epochen und Qi-Gong-Schulen gibt es unterschiedliche Angaben über die Lokalisation des Dan-Tian, die hier der Vollständigkeit halber mit angegeben werden.

Oberes Dan-Tian (Shang-Dan-Tian)
a) dem Areal der Akupunkturstelle Yin-Tang (Siegel-Halle, PaM/ZP 3), in der Mitte zwischen den Augenbrauen,
b) dem Areal der Akupunkturstelle Bai-Hui (hundertfache Vereinigung, LG 20), in der Mitte der höchsten Ebene des Kopfes,
c) das faustgroße Areal in der Mitte der Stirn, hinter dem Stirnbein.

Mittleres Dan-Tian (Zhong-Dan-Tian)
a) dem Areal der Akupunkturstelle Tan-Zhong (Brustmitte, KG/DG 17), in der Mitte auf dem Brustbein zwischen den Brustwarzen,
b) dem Areal des Sonnengeflechts (Solarplexus), unter dem (mittleren) Zwerchfell,
c) dem Areal des Bauchnabels.

Unteres Dan-Tian (Xia-Dan-Tian)
a) dem Areal des Bauchnabels,
b) dem Areal der Akupunkturstelle Qi-Hai (Energie-Meer, KG/DG 6), ca. zwei Finger breit unter dem Bauchnabel,

---

6) Mitunter spricht man auch von einem hinteren Dan-Tian (Hou-Dan-Tian). Dieses entspricht dem Areal der Akupunkturstelle Ming-Men (Lebenstor, LG 4) unter dem 2. Lendenwirbel.

c) dem Areal von Akupunkturstelle Shi-Men (Steintor, KG/DG 5), ca. drei Finger breit unter dem Bauchnabel,

d) dem Areal der Akupunkturstelle Guan-Yuan (Schranke der vitalen Energie, KG/DG 4) ca. vier Finger breit unter dem Bauchnabel,

e) dem Areal der Akupunkturstelle Hui-Yin (Yin-Vereinigung, KG/DG 1), in der Mitte des Dammes,

f) dem faustgroßen Areal in der Mitte zwischen den Akupunkturstellen Guan-Yuan (Schranke der vitalen Energie, KG/DG 4) und Yang-Guan (Yang-Schranke, LG 3) unter dem vierten Lendenwirbel.

Was ist das "Sich-Versenken" beim Qi-Gong?

Ru-Jing bzw. *Ru-Ding*, sich durch geistige Lenkung in sich selbst zu versenken, ist das Ziel der meditativen Qi-Gong-Übungen. Es ist ein Zustand der relativen "Leere" geistiger Aktivität. Man spricht auch von einer relativen Vereinheitlichung des geistigen Qi. Die Tiefe und das Erleben der Versenkung hängen meist von der Fähigkeit ab, das Qi zu steuern. In der Regel wird es intensiver, je länger man übt. Es gibt allerdings individuelle Unterschiede und selbst bei dem selben Menschen kann es von Mal zu Mal ganz anders sein.

Am Anfang erlebt der Übende im allgemeinen eine innere Ruhe, eine gelassene geistig-seelische Verfassung und eine hohe Konzentration, später eine friedliche und harmonische innere Stimmung, eine umsichtige Reinheit des geistig-seelischen Zustands, eine Vereinheitlichung zwischen Geist und Körper und die höchste Konzentration. In der weiteren Entwicklung kommt es zu einer völligen inneren Stille, die so ruhig und friedlich wie ein stilles Wasser in der unberührten Natur ist, einer zeitlichen Unendlichkeit und einer Gedanken-Leere sowie zur Erkenntnis der Bedeutungslosigkeit bzw. Nichtigkeit der eigenen Person. Manchmal kann der Übende sich selbst als so beglückt erleben, daß er glaubt, über allen Wolken zu schweben.

Man sollte jedoch wissen, daß dieses tiefe Sich-Versenken nicht bei jeder Sitzung eintreten muß; auch nicht, wenn man eine jahrelange Meditationspraxis hat. Es kann nur durch geduldiges Meditieren und mit Gelassenheit geschehen. Wenn man das Sich-Versenken erzwingen will, erreicht man meistens das Gegenteil, nämlich inneren Unfrieden und gedankliches Durcheinander. In diesem Fall sollte die Übung eingestellt und nach einer Pause wieder aufgenommen werden.

Es gibt viele Vorgehensweisen, die man beim Qi-Gong einsetzt, um sich in sich selbst tief zu versenken. Die wichtigsten Verfahren werden hier – ohne Wertung und ohne Variationsmöglichkeiten – zusammengefaßt dargestellt. Jeder Übende sollte sie einfach ausprobieren, und ein für sich geeignetes Verfahren herausfinden.

Welche methodischen Hilfen kennt Qi-Gong, um Ru-Jing zu ermöglichen?

1. Den Gedanken sammeln
Es ist eine der am häufig eingesetzten Methoden. Dabei führt man das Bewußtsein zu einer bestimmten Stelle im Körper – in der Regel ins Dan-Tian und im seltenen Fall auch an die Akupunkturstellen z. B. Yang-Quan (sprudelnder Brunnen, N1) auf der Fußsohle – und sammelt dort den Gedanken aufmerksam. Zuweilen sammelt man das Bewußtsein in einem Organ (besonders bei der Krankheitsbehandlung). So kann man sich nicht nur in sich versenken, sondern auch die Heilbehandlung unterstützen.

2. Die bewußte Atemführung
Man reguliert und betätigt mit hoher Aufmerksamkeit die Atmung, d. h. die Atmung sollte ruhig, natürlich, frei, gleichmäßig, fließend, langsam und tief bleiben und vor allem sollte man bewußt ein- und ausatmen. Durch die konzentrierte geistige Führung wird die Atmung optimal reguliert und der Geist wird dadurch ungestört gesammelt. So erreicht man eine Harmonie zwischen der geistig-seelischen Verfassung und dem Körper.

3. Die Atmung begleiten

Auf der Basis der bewußten Atemführung wird nach innen geschaut und gehört, wie man selbst ein- und ausatmet. Man folgt dabei ganz aufmerksam dem Weg der Atmung (zum Dan-Tian) und nimmt achtsam das leise, für den anderen nicht hörbare "innere" Atemgeräusch wahr.

4. Die Atemzüge zählen

Die bewußt geführten Atemzüge werden gezählt. Gewöhnlich zählt man Ein- und Ausatmen zusammen als einen Atemzug. Hilfreich erweist es sich, wenn man dabei eine niedrige Zahl oder eine Zahl nimmt, die für den Übenden etwas bedeutet und damit leicht zu merken ist. Dann zählt man wiederholt die Atemzüge, bis die ausgesuchte Zahl erreicht ist. Diese Methode wird von Anfängern sehr häufig benutzt, weil sie einfach und effektiv ist.

5. Schweigend Sprechen

Man kann dabei sowohl Worte ohne Bedeutung als auch solche mit einem bestimmten Sinn nehmen, z. B. einen Begriff, der für die Vorgehensweise der Übung etwas bedeutet, wie den Namen jener Stelle, an der das Bewußtsein gesammelt werden soll. Man kann auch ein Gedicht rezitieren oder ein Lied singen. Wenn die geistige Versenkung erreicht wird, vergißt man von allein, weiter schweigend zu sprechen. Sobald man feststellt, daß die Gedanken in ein Durcheinander geraten, kann man mit dem schweigenden Sprechen wieder beginnen.

6. Bilder-Phantasie

Man bettet das Bewußtsein in ein angenehmes Bild. In der Regel wird dazu eine schöne beruhigende oder eine symbolträchtige Landschaft mit einer angenehmen, freudigen Farbenpracht vorgestellt. Beliebte Motive sind malerische Gebirgs- und Seelandschaften, klares, ruhiges, fließendes Wasser, ruhiger, weiter Ozean mit prasselnden Brandungen, azurblauer Himmel mit weißen Wolken, üppige grüne Wiesen mit prachtvoll duftenden Blumen, großgezogene zartgrüne Zypressen oder sattgrüne Kiefern, klare Nacht mit leuchtendem Mond, Sonnenaufgang oder Abendrot.

7. Klang-Phantasien

Im Prinzip sind diese den Bilder-Phantasien ähnlich. Statt Bildern "malt" man sich eine Klanglandschaft aus. Es bietet sich an, dafür leichte, fröhliche Melodien, beruhigende und wohllautende Klänge wie Zwitschern und Singen der Vögel, Glockenspiele bzw. Windglocken, Obertöne etc. zu nehmen. Es ist auch üblich, solche Musik, Gesänge, Stimmen oder Klänge (aus einer Musikanlage) als Kulisse bei der Meditation einzusetzen.

8. Nach innen schauen

Man bringt den Blick, die Nase und das Dan-Tian in eine Linie und schaut in das Dan-Tian hinein. Alternativ dazu kann man auch in ein Organ hineinschauen oder mit dem inneren Blick eine Phantasie-Reise durch den ganzen Körper unternehmen. Gleichzeitig kann der

Prozeß des Nach-Innen-Schauens durch ein aktives Phantasieren gestärkt werden. Da man den bewußten Blick nach außen bei der innere Betrachtung nicht braucht, nennt man diese Methode auch *"Den Blick einstellen"*.

9. Suggerierende Anleitung:
Man kann sie selbst ausführen oder durch jemanden – günstig sind Mitübende oder Gruppenleiter/Therapeuten) – ausführen lassen. Entweder benutzt man dafür beruhigende und suggeriende Worte wie "Ich bin ruhig (beim Einatmen), ich bin entspannt (beim Ausatmen)", oder man legt die Hände auf das Dan-Tian bzw. massiert es ganz sanft. Letzteres kann nicht nur helfen, sich in sich zu versenken, sondern es fördert auch die Qi-Führung in das Dan-Tian.

Die Atmung

Die Gestaltung der Atmung ist ein wichtiger Teil der Qi-Gong-Übungen. Die Vielfalt der Qi-Gong-Schulen bedingt auch unterschiedliche Atemtechniken, die beim Qi-Gong verwendet werden. Hier werden nur die gängigsten Arten beschrieben.

Welche Atemtechniken werden beim Qi-Gong verwendet?

1. *natürliche Atmung*
Der Übende atmet weiter wie bisher, d.h. es wird nicht in den Atemprozeß eingegriffen und keine bewußte Atemmanipulation durchgeführt. Mit der Zeit wird die Atmung von allein ruhiger und tiefer.
Empfohlen wird diese Atemtechnik für Anfänger und bei manchen Qi-Gong-übungen wie Entspannungsübungen, Acht bzw. Zwölf Brokatübungen, Tai-Ji-Qi-Gong, Übungen der fünf Tiere, Fliegender Kranich und Stehende Säule.

2. *tiefe natürliche Atmung*
Man führt keine besondere Atemtechnik aus, sondern reduziert nur die Atemfrequenz. Es spielt keine Rolle, ob man dabei überwiegend den Brustkorb, den Bauch (Zwerchfell) oder beides einsetzt. Wichtig ist, daß die Atmung ruhig, gleichmäßig und tief bleibt.

Neben der im folgenden beschriebenen Zwerchfellatmung wird die tiefe natürliche Atmung am häufigsten beim Qi-Gong angewandt. Sie hat eine beruhigende und regulierende Wirkung auf die Großhirnrinde und verschiedene innere Organe.

3. Zwerchfellatmung (Bauchatmung)

Man läßt das Zwerchfell bei der Einatmung in den Bauchraum sinken, so daß sich der Bauch nach außen wölbt und bringt das Zwerchfell bei der Ausatmung wieder in den Brustkorb zurück. Dadurch senkt sich die Bauchdecke. Der Brustkorb wird dabei nur passiv bewegt. Diese Zwerchfellatmung ist vorteilhaft für das Hinabsenken des Qi zum Dan-Tian und für die Funktionsregulierung der inneren Organe. Sie wird neben der tiefen natürlichen Atmung am häufigsten angewandt.

4. Paradoxe Atmung

Man nimmt die Bauchdecke bei der Einatmung aktiv hinein und senkt das Zwerchfell gleichzeitig nach unten. Der Bauch entspannt sich bei der Ausatmung und das Zwerchfell wird gleichzeitig zurückgenommen. Dadurch entsteht ein erhöhter Druck im Bauchraum bei der Einatmung und eine relativ verstärkte Druckentlastung bei der Ausatmung.

Diese intensiven Druckschwankungen sollen besonders positiv auf die "Konservierung" des Qi im Dan-Tian und auf die Funktionsregulierung der Bauch-Organe wirken.

5. *Intervall-Atmung*

Auf Basis der tiefen natürlichen Atmung oder Zwerchfellatmung legt man eine kurze Atempause ein, nachdem die Ausatmung, oder seltener die Einatmung, zu Ende geführt worden ist. Am Anfang sollte die Pause nur ganz kurz (2-3 Sekunden) sein. Später, nachdem man lang genug geübt hat, kann sie auf vier bis sechs Sekunden (oder mehr) ausgedehnt werden. Sonst kann es zu Zwischenfällen wie Atemnot und Herzklopfen kommen. Nach langem Üben kann die Atemfrequenz durch die Tiefe der Atmung und das Intervall auf zwei bis drei Atemzüge pro Minute reduziert werden.

Die alten Chinesen nahmen an, daß die Schildkröten ebenso atmen würden. Daher wird die Intervall-Atmung auch als *Schildkröten-Atmung* bezeichnet. Sie ist die angewandte Atemtechnik bei Nei-Yang-Gong (Übungen zur inneren Regulation) und einigen anderen daoistischen Qi-Gong-Übungen.

6. Sog. *embryonale Atmung*

Bei dieser Atemtechnik verlangsamt man die Atmung bewußt durch den sanften und sparsamen Einsatz des Körpers. Die Bewegungen des Bauches bzw. Brustkorbs lassen sich bei dieser Atmungsart von außen kaum wahrnehmen. Die Fähigkeit zu dieser Atemtechnik (3-4, bei besonders Geübten sogar nur 1-2 Atemzüge pro Minute) kann man nur langsam und durch längerfristiges, dauerhaftes Üben erlangen.

Diese Atemweise sollte aber erst versucht werden, wenn sich eine solide Basis bei einer anderen Atemtechnik wie der tiefen natürlichen Atmung oder der Zwerchfellatmung gebildet hat. Deshalb wird sie als die hohe Schule der Atemtechnik beim Qi-Gong angesehen. Keinesfalls sollte man sie erzwingen, denn sie wird bei oben genannter Voraussetzung allmählich und fast von allein erfahrbar. Sie ist für die Vermehrung des Yuan-Qi (essentielles Qi) besonders wertvoll.

Im alten China nahm man an, daß der Fetus so atmet. Daher kommt der Name "embryonale Atmung". Diese Atemtechnik wird besonders häufig bei den klassischen Qi-Gong-Übungen eingesetzt. Manche Qi-Gong-Schulen nennen sie auch *Schildkröten-Atmung*.

Beim Erlernen jeder Atemtechnik sollte man stets stufenweise aufbauend vorgehen, z. B. sich zuerst mit der Technik vertraut machen und danach die Frequenz reduzieren. Die tiefe und langsame Atmung sollte nicht unter Zwang und überstürzend versucht, sondern vielmehr stets unter den Gesichtspunkten der Natürlichkeit, Zwanglosigkeit und Gelassenheit durchgeführt werden. Das wirkliche Erlernen einer Atemtechnik braucht Zeit und Geduld. Während und nach der Übung kommt es darauf an, sich entspannt, ruhig und frei zu fühlen.

Mit der Zeit kann man die Atmung optimal gestalten, d.h. die Atmung ist natürlich, ruhig, gleichmäßig, fein (geräuschlos), langsam, lang und tief. Schwere Atmung, Beklemmungen im Brustkorb, Herzklopfen oder Schwindelgefühl sind Anzeichen dafür, daß man in voreiliger Weise die Atmung forciert oder die Atempause übertrieben lang oder häufig gehalten hat. In diesem Fall gilt es, die Ursache herauszufinden und die Atmung entsprechend zu korrigieren. Die Beschwerden können dann von alleine nachlassen.

Was sollte beim Erlernen der Atemtechnik beachtet werden?

Die Körperhaltungen

Welche Körperhaltungen gibt es und welche Bedeutungen haben sie?

Die Vielfalt der Qi-Gong-Schulen und -Methoden bedingt eine Vielzahl von Körperhaltungen, die man bei der Ausübung von Qi-Gong einnehmen kann.

Im allgemeinen kann man die verschiedenen Haltungen wie folgt zusammenfassen, ohne aber auf die vielen Varianten und Einzelheiten einzugehen:

1. *Liegen*
Gewöhnlich liegt man flach auf dem Rücken, manchmal auch mit höherer Lage des Kopfes und des Oberkörpers (Halbsitzen) bzw. des Gesäßes (bei gebeugten Beinen). Bei bestimmten Übungen liegt man auch in einer Seitenlage. Das Liegen auf dem Bauch oder auf dem Rücken mit höherer Lage des Thorax ist relativ selten.

2. *Sitzen*
Meist sitzt man auf einem Stuhl oder auf dem Boden (oft mit Sitzkissen). Auf dem Boden kann der sogenannte Schneidersitz, Lotossitz, Halblotossitz, Diamantensitz oder auch der Fersensitz eingenommen werden.

3. *Stehen*

In der Regel steht man mit – unterschiedlich stark – gebeugten Beinen. Dieser Stand wird *Reiterstellung* genannt. In einer anderen häufig verwendeten Stellung steht man ganz natürlich aufrecht mit lockeren, aber nicht gebeugten Knien. Dabei nehmen die Hände und Arme verschiedene Haltungen ein oder sie führen Bewegungen aus. Häufig formt man die Hände und Arme zu einem Kreis, als ob man einen großen Baum umarmen würde.

4. *Gehen*

Innerhalb dieser Gruppe gibt es die meisten Variationen. Man geht natürlich aufrecht wie beim Spaziergang oder mit gebeugten Beinen, frei oder in einer bestimmten Formation. Dabei macht man in der Regel verschiedene Bewegungen mit den Händen, den Armen und dem Rumpf.

Die verschiedenen Haltungen des Körpers haben bestimmte Auswirkungen auf den Menschen, über die man sich bei den jeweiligen Übungen informieren sollte. Im großen und ganzen kann man sagen, daß Übungen im Stehen und Gehen die Muskeln kräftigen, die Knochen stabilisieren, die Konzentrations- und Koordinationsfähigkeit verbessern. Die Übungen im Sitzen und Liegen hingegen wirken eher körperlich und geistig entspannend. Dadurch fördern sie die Regulation des Zentralnervensystems .

Ferner werden in der Praxis verschiedene spezielle Wirkungen beobachtet. Die Übungen im Liegen auf dem Rücken können z. B. den Tonus des Magens und die Peristaltik des Magen-Darm-Traktes sowie allgemein die Verdauungsfunktion verbessern. Die Übungen im Halbsitzen können Atemnot lindern und den Herzschlag beruhigen, die Übungen im Stehen und Sitzen hohen Blutdruck deutlich senken.

Grundsätzlich sollte die eingenommene Körperhaltung folgende Kriterien erfüllen: *Natürlich und bequem, entspannt und stabil.*

Was sollte bei der Körperhaltung beachtet werden?

1. *Beim Liegen:*
Der gesamte Körper wird entspannt auf den Boden gelegt, ohne ihn aktiv zu stützen oder zu halten. Der Hals sollte frei sein, nicht gebeugt oder gestreckt. Die Beine sind durch eine untergeschobene Unterlage, wie eine Nackenrolle oder eine zusammengefaltete Decke, leicht angebeugt, falls eine Entlastung für die Lendenwirbelsäule notwendig ist, z. B. bei Ischias- oder Kreuzschmerzen. Wenn man bei der Übung leicht einschläft, sollten die Augen einen kleinen Spalt weit geöffnet bleiben, damit man durch den sanften Schimmer wach gehalten wird, ohne gestört zu werden. Beim Liegen auf dem Bauch sollte man unter die Fußgelenke eine kleine weiche Unterlagen geben, damit die Beine besser entspannen können. Bei der Seitenlage sollte darauf geachtet, den Hals nicht zu knicken und den Kopf, die Arme und die Beine so zu lagern, daß sie nicht durch den Druck des Körpers einschlafen (taub werden).

2. *Beim Sitzen, Stehen und Gehen:*
Der Kopf und der Hals werden natürlich entspannt und aufrecht gehalten, wobei das Kinn leicht zurück genommen und der Scheitel hoch getragen wird. Des weiteren ist zu beachten: Die Augen und den Mund locker schließen, die Schultern und Arme fallen lassen, den Oberkörper entspannt aufrichten

(ohne runden Rücken und heraus gestreckte Brust), die Lendenwirbelsäule gerade und das Kreuz senkrecht hängen lassen (kein Hohlkreuz), die Beine locker lassen (die Hüfte nicht anspannen, die Knie nicht durchstrecken) und das Körpergewicht durch die Beine zum Boden sinken lassen. Die Füße sind parallel in Schulterbreite gestellt, sofern es nicht anders verlangt wird.

Unabhängig davon, welche Körperhaltung bei der Übung eingenommen wird, sollte man versuchen, eine größtmögliche Entspannung zu erreichen, indem nur so viel Kraft angewendet wird, wie für diese Haltung gerade notwendig ist. *So viel wie nötig, so wenig wie möglich.* Zu viel Kraft bedeutet unnötige Mehrarbeit und erzeugt überflüssige Spannungen, die nicht nur ermüden, sondern auch belastend auf Weichteile (Muskel und Bänder) wirken können.

Am Anfang sollte nicht übereifriger und länger geübt werden, als der Körper es aushalten kann. *Man sollte sich genau und ehrlich beobachten!* Wenn man bei einer Körperhaltung nach einer Weile müde wird, Belastung spürt oder sich unangenehm fühlt, kann die Übung jeder Zeit ruhig und sanft unterbrochen werden, der ganze Körper, vor allem Arme und Beine, leicht geschüttelt oder die Übung in einer anderen Körperhaltung fortgesetzt bzw. eine andere Übung mit einer anderen Körperhaltung ausgeführt werden.

Nachdem die Müdigkeit vorüber ist, kann weiter geübt werden. Ohne eine gewisse Belastung und Mühe geht es sicherlich nicht, aber es ist wichtig, sich nicht zuviel zumuten. Dieses wäre für den Körper nicht nur belastend oder gar schädigend, sondern auch ungünstig für die Konzentration und die innere Ruhe. Die positive Wirkung der Übungen würde beeinträchtigt werden.

Mit zunehmender Übungsdauer und -häufigkeit (bei Gleichmäßigkeit und Regelmäßigkeit der Übung) gewöhnt sich der Körper allmählich an die vorgesehene Haltung. Man kann sich besser entspannen und zudem auch besser erfahren, wieviel Kraft dabei notwendig ist. So wird die Dauer jeder Übung ohne Anstrengung und Belastung länger. Auch nach einer längeren Übungsdauer fühlt man sich wohl, erfrischt, entspannt und gelassen. Dies ist unter anderem ein Zeichen dafür, daß man sich die Haltung korrekt angeeignet hat und sich die Wirkung der Übung voll entfaltet.

Nach welchen Kriterien wird die Körperhaltung ausgewählt?

Die Auswahl der Körperhaltung wird hauptsächlich durch die Konstitution, Erkrankung, Gewohnheit und Erfahrung mit Qi-Gong bestimmt. Dadurch grenzt sich die Zahl der in Frage kommenden Qi-Gong-Übungen ein.

Menschen mit geschwächter Konstitution, schwerer Erkrankung oder in der Rekonvaleszenz sollten am Anfang im Liegen üben. Solche Übungen sind schonend, verbrauchen wenig Kraft und entspannen. Man kann sich mit ihrer Hilfe schnell erholen.
Bei Verdauungsstörungen empfiehlt sich die rechte Seitenlage. Bei Gebärmutter- und Magensenkung sollte man jedoch auf dem Rükken liegen und das Gesäß durch eine stabile Unterlage ca. 10-20 cm höher bringen, die Beine werden dabei gebeugt. Die Übungen im Liegen eignen sich auch bei Erkrankungen der Herzkranzgefäße und bei Herzfunktionsstörungen.

Das Sitzen ist die klassische Art, Qi-Gong auszuüben. Es ist geeignet für Menschen, die keine allzu geschwächte Konstitution und keine schwere Erkrankung haben. Der Vorteil – soweit man sich an die Sitzhaltung gewöhnt hat – ist unter anderem der, daß sich der Schwerpunkt des Körpers ganz leicht nach unten verlagern läßt. Dadurch wird es leichter, das Qi zum Dan-Tian herabzuführen und sich zu versenken.
Die Übungen im Sitzen wirken im allgemeinen positiv auf Bluthochdruck, Erkrankungen der Herzkranzgefäße, Asthma bronchiale und

kardiale, neurasthenische Beschwerden, Magen- und Zwölffingerdarmgeschwüre sowie stabilisierend während der Rekonvaleszenz.

Menschen mit realitv guter Konstitution und leichteren Erkrankungen können im Stehen üben. Die Übungen im Stehen verbrauchen mehr Kraft als die im Sitzen oder im Liegen, daher sollten Menschen mit geschwächter Konstitution das Üben im Stehen nur unter Beachtung der eigenen Belastbarkeit vorsichtig versuchen. Die stehenden Übungen sind vorteilhaft bei Bluthochdruck und neurasthenischen Beschwerden. Menschen mit Senkungen der inneren Organe sollten – zumindest am Anfang – nicht im Stehen üben.

Die Übungen im Gehen bedingen naturgemäß eine höhere körperliche Belastung als die anderen Übungsarten. Daher sollte man sie nur machen, wenn man über eine gute Konstitution verfügt oder sich das eigene Befinden stabilisiert hat. Menschen mit geschwächter Konstitution oder mit schwerer Erkrankung sollten die Übungen im Gehen ebenfalls unter Beachtung der eigenen Belastbarkeit vorsichtig versuchen.
Diese Übungen werden meistens im Freien praktiziert. Sie wirken auch durch die frische Luft und die Sonne erfrischend und aufheiternd. Sie eignen sich unter anderem bei neurasthenischen Beschwerden, Erkrankungen der Bewegungsapparate, Lungenerkrankungen und einigen Krebsarten.

Außerdem sollte man auf individuelle Möglichkeiten, Fähigkeiten, Neigungen und Gewohnheiten Rücksicht nehmen. Wenn man gewohnt ist, auf der Seite zu liegen, kann man die Übungen auch in der gewohnten Seitenlage betreiben. Wenn man es nicht gewohnt ist, auf dem Boden zu sitzen, sollte man die Übung sitzend auf einem Stuhl ausführen. Die Wirkung wird davon kaum beeinträchtigt. Kinder können sich aufgrund ihrer Natur leichter mit Übungen im Stehen und Gehen, die einen großen Bewegungsanteil haben. Dagegen bevorzugen viele ältere Menschen die Übungen in Ruhe.

Für diejenigen, die die innere Ruhe nicht so leicht erlangen, empfiehlt es sich, die Übungen im Stehen und Gehen mit einem großen Bewegungsanteil zuerst zu erlernen. Menschen, die gewisse Schwierigkeiten mit der Koordination der Bewegungen haben, sollten vernünftigerweise zuerst Übungen im Liegen, Sitzen oder Stehen (mit wenig Bewegung) ausprobieren.

Auch bei der Auswahl der geeigneten Körperhaltungen gilt, sich in keiner Weise zu überfordern. Die Übungen sollen Spaß machen und es ist wichtig, sich nach dem Üben angenehm zu fühlen, keinesfalls körperlich überanstrengt.

Warum wird empfohlen, die Zungenspitze an den Oberkiefer anzulegen?

Bei manchen Qi-Gong-Übungen wie Da- und Xiao-Zhou-Tian (Übung des großen und kleinen Qi-Kreislaufs) legt man die Zunge an den Oberkiefer, kurz hinter den Schneidezähnen, locker an. Bei anderen wie Nei-Yang-Gong (Übung zur inneren Regulation bzw. Pflege) und Qiang-Zhuan-Gong (Übung zur Kräftigung) wird die Zungenspitze nur zeitweilig an den Oberkiefer angelegt.

Früher dachte man , daß die in der Körpermitte verlaufenden Meridiane, Ren-Mai (Konzeptions- bzw. Dienergefäß) und Du-Mai (Lenker- bzw. Gouverneurgefäß) dadurch energetisch miteinander verbunden werden. Diese These entspricht nach heutigem Wissenstand nicht den Tatsachen. Jedoch können einige Übende den Qi-Kreislauf in der Körpermitte durch diese Vorstellung besser nachvollziehen. Daher wird es weiterhin, besonders bei den Übungen des Qi-Kreislaufs, empfohlen – auch wenn es nicht zwingend notwenig ist.

Gesichert sind dagegen die Erkenntnisse, daß bei dieser Zungenhaltung
a) die Konzentration und die Wachheit unterstützt werden und
b) die Speicheldrüsen direkt den gesamten Verdauungstrakt reflektorisch, auch über das vegetative Nervensystem, regulieren können.

Der Qi-Kreislauf

Was ist der Qi-Kreislauf?

Zhou bedeutet wörtlich Umkreis, Zirkel, Zyklus. *Tian* heißt Himmel, Natur, Tag. Zusammengesetzt ist Zhou-Tian ein Fachausdruck der alten chinesischen Astronomie und bezeichnet den sichtbaren Umkreis des Sternenhimmels. In der Literatur wird es daher oft als der himmlische (Qi-)Kreislauf übersetzt. Beim Qi-Gong wird Zhou-Tian als Lehnwort benutzt, um den Qi-Umlauf über bestimmte Strecken zu bezeichnen.

Man unterscheidet gewöhnlich das *Xiao-Zhou-Tian* (den kleinen Qi-Kreislauf) von dem *Da-Zhou-Tian* (dem goßen Qi-Kreislauf).

Der kleine Qi-Kreislauf (Xiao-Zhou-Tian)

Die meisten Qi-Gong-Schulen beschreiben den kleinen Qi-Kreislauf so: Vom (unteren) Dan-Tian herunter zum Hui-Yin (KG 1 am Beckenboden), dann hinauf über Steiß- und Kreuzbein, entlang der ganzen Wirbelsäule und der Mittellinie des Hinterkopfes zum Bai-Hui (LG 20 auf der Scheitelmitte), weiter nach vorne zur Stirn über Yin-Tang (PaM 3 in der Mitte zwischen den beiden inneren Enden der Augenbrauen), über Nase, Lippen und die

Mittellinie des Halses, die Brust und den Bauch zurück zum Dan-Tian. Dadurch werden die beiden mittleren Meridiane, die Konzeptions- und Lenkergefäße energetisch miteinander verbunden.

Einige Schulen geben einen anderen Verlauf an: Vom (unteren) Dan-Tian herab zum Hui-Yin, dann hinauf über das Steiß- und Kreuzbein sowie die Lendenwirbelsäule zum Ming-Men (LG 4 unter dem 2. Lendenwirbel) und zurück zum Dan-Tian.

Der große Qi-Kreislauf (Da-Zhou-Tian)

Es gibt zwei gängige Variationen des großen Qi-Kreislaufs[7]:
a) *Über die zwölf regulären Meridiane:* Vom unteren Dan-Tian hinauf zum mittleren Dan-Tian in der Brustmitte, dann über den Lungen-, Dickdarm-, Magen- und Milz-(Pankreas-)Meridian weiter über Herz-, Dünndarm-, Harnblasen- und Nierenmeridian. Zum Schluß über Perikard-(Kreislauf-Sexualitäts-)Meridian, Dreifacher Erwärmer, Gallenblasen- und Lebermeridian und über das mittlere Dan-Tian zurück zum unteren Dan-Tian.
b) *Über die Acht Sonder-Meridiane:* Vom unteren Dan-Tian über Ren-Mai und Du-Mai , Chong-Mai (Vitalgefäß), Dai-Mai (Gürtelge-

---

7) Über den Verlauf der einzelnen Meridiane siehe einschlägige Literatur über das Qi-Gong und das chinesische Akupunktur- bzw. Meridiansystem.

fäß), Yin- und Yang-Qiao-Mai (Yin- und Yang-Motilitätsgefäß) sowie Yin- und Yang-Wei-Mai (Yin- und Yang-Regulationsgefäß).

Einige wenige Qi-Gong-Schulen meinen, daß der große Qi-Kreislauf eine Strecke einnimmt, die relativ frei vom vorgeschriebenen Verlauf der Meridiane ist: vom unteren Dan-Tian zum Hui-Yin (KG 1), dann verteilt nach links und rechts über die Innenseiten des Ober- und Unterschenkels zum Yong-Quan (N 1/in der Fußsohle), danach über die Außenseite des Unter- und Oberschenkels, über Huan-Tiao (G 30/am Hüftgelenk) zurück zum Hui-Yin; weiter über das Lenkergefäß zum Da-Zhui (LG 14/unter dem 7. Halswirbel), von dort nach links und rechts über die Schultern und die Außenseite des Ober- und Unterarms sowie den Handrücken zur Spitze des Mittelfingers und dann über die Innenseite der Hand, des Unter- und Oberarms sowie der Schulter zurück zum Da-Zhui. Danach weiter über das Lenkergefäß hinauf zum Bai-Hui (KG 20), nun teilt sich der Kreislauf wieder in den linken und rechten Ast über die seitliche Partie des Gesichts zum Mund und zur Zungenspitze. Anschließend über das Konzeptionsgefäß herunter zurück zum Dan-Tian.

Das Ziel der Übungen des Qi-Kreislaufs ist unter anderem, das Qi in den vorgeschriebenen Kreisläufen willentlich zu lenken und es bei Bedarf in eine bestimmte Richtung oder Körperregion zu führen. Die TCM geht davon aus, daß sich die verschiedenen Meridiane, denen verschiedene Funktionen zugeschrieben werden, dadurch optimal regulieren und miteinander koordinieren können. Dieses ist unter anderem bedeutend für die Wiederherstellung und Aufrechterhaltung der Gesundheit. Auch bei der Behandlung durch äußeres Qi (Wai-Qi-Liao-Fa) ist die Fähigkeit der bewußten Qi-Lenkung sehr wichtig.

Was bewirkt der Qi-Kreislauf?

In chinesischen Kliniken und Sanatorien wurde beobachtet, daß die Besserung des Allgemeinbefindens, Linderung der Beschwerden und die Heilung in der Regel deutlicher und rascher geschehen, wenn der Patient den Qi-Kreislauf in Gang setzen kann. Bei einigen Patienten bringt der Qi-Kreislauf aber keinen nennenswerten Vorteil und bei recht vielen anderen Patienten wird die Heilung oder die Stabilisierung des Zustandes nicht beeinträchtigt, auch wenn sie nicht in der Lage sind, das Qi in dem Kreislauf zu bewegen.

Man kann den Qi-Kreislauf subjektiv durch viele verschiedene Reaktionen des Körpers (meist durch körperliche Entspannung, Besserung der Durchblutung, Steigerung der Sensibilität und erhöhte Konzentration) wahrnehmen. Häufig kann man dabei ein ge-

wisses Taubsein oder Spannungsgefühl, Kribbeln, katerartiges Ziehen, Kälte oder Wärme
spüren. Beim Qi-Gong werden diese Gefühle
Qi-Gan (Qi-Gefühl) oder De-Qi (Qi-Erhal-
ten/-Aktivieren) genannt. Sie sind jedoch individuell sehr unterschiedlich. Selbst bei der-
selben Person kann die Intensität oder die Art
der Wahrnehmung an verschiedenen
Körperteilen und von mal zu mal unterschiedlich sein.

Bei den Übungen des Qi-Kreislaufs kann man manchmal Schwierigkeiten bekommen, das Qi durch bestimmte Stellen innerhalb des Qi-Kreislaufs zu bewegen. Häufig sind es folgende drei Stellen innerhalb des Lenkergefäßes:

Was sind die drei Engpässe des Qi-Kreislaufs?

– *Wei-Lü* ("Schwanzende")
Wei-Lü ist die Steißbeinspitze. Sie entspricht dem Punkt Zhang-Qiang (LG 1).

– *Jia-Ji*[8] ("zwischen den Wirbeln")
Es liegt, bei dicht an den Körper angebrachten Armen, auf dem Rücken in Höhe des Ellenbogens und entspricht in der Regel dem Punkt Ming-Men (LG 4).

– *Yu-Zhen* ("Jade-Kissen")
Es ist der Knochenvorsprung des Schädels am Hinterkopf. Der dritte Engpaß liegt aber unterhalb des Knochenvorsprungs in Höhe des Punktes Feng-Chi (G 20) an der Schädelbasis.

Der Raum zwischen dem Schädel und dem oberen Ende der Wirbelsäule, dort liegt Yu-Zhen, und dem After, etwas höher liegt Wei-Lü, wird während des Übens bei der Imagination des Qi-Kreislaufs häufig vernachlässigt. Zu dem Bereich der oberen Lendenwirbelsäule und der unteren Brustwirbelsäule, in diesem befindet sich der dritte Engpaß Jia-Ji, haben viele Menschen keinen ausgesprochenen Bezug. Daher kann es passieren, daß der Qi-Kreislauf an diesen Stellen nicht so leicht nachvollziehbar ist.

8) Einige Qi-Gong-Schulen nennen sie *Lu-Lu*, wörtlich bedeutet es Winde oder Haspel.

Wenn man bei der Übung solche Engpässe
spürt, kann man diese Stellen oder auch die
Strecke des Lenkergefäßes von der Steißbein-
mitte zum *Bai-Hui* auf dem Schädel vorher
leicht massieren oder sanft berühren. Während der Übung hilft es, bei *Wei-Lü* den
Beckenboden anzuheben, bei *Jia-Ji* und *Yu-
Zhen* den Weg des Qi durch "das Schauen in
Gedanken" bei geschlossenen Augen zu ver-
folgen. Durch häufige Versuche mit Geduld,
Gelassenheit und ohne Zwang wird man es
eines Tages schaffen, diese Hindernisse innerhalb des Qi-Kreislaufs zu überwinden.

Das Sich-Bewußt-Sammeln

Yi (oder *Yi-Nian*) bedeutet unter anderem Gedanke, Absicht, Wille, Bewußtheit, Geist und Achtsamkeit. *Shou* kann die Bedeutung Bewachen, Aufbewahren, Warten, Hüten und Sammeln haben. Beim Qi-Gong versucht man, die geistige Aktivität an eine Körperstelle, eine körperliche Aktivität, einen Gegenstand oder an ein Phänomen zu binden. Dieser minimale, einfache und beabsichtigte Gedanke kann den Menschen von anderen störenden Gedanken befreien. So kann der Übende eine "relative Gedankenfreiheit" erreichen, um sich optimal entspannen und sich in sich selbst versenken zu können.

Es gibt beim Qi-Gong viele Möglichkeiten, sich bewußt zu sammeln (siehe auch S. 35ff). Grundsätzlich unterscheidet man:

a) *innerhalb des Körpers:* Man beobachtet dabei aufmerksam eine bestimmte Körperstelle (z. B. das Dan-Tian) oder eine Aktivität (z. B. die Atmung) und
b) *außerhalb des Körpers:* Man stellt sich in Gedanken einen bestimmten Gegenstand (wie eine schöne Landschaft, angenehme Stimmungen oder duftende Blumen) vor oder

Was heißt Sich-Bewußt-Sammeln beim Qi-Gong?

erinnert sich an positive wohltuende Ereignis-
se. Hierbei kann der eigenen Phantasie freien
Lauf gelassen werden. Wichtig ist, daß es für
den Übenden angenehm und positiv ist und
daß man sich selbst nicht erregt oder von
diesen Vorstellungen all zu sehr eingenommen wird.

Bei einigen Qi-Gong-Übungen wird die entsprechende Methode angegeben, mit der man sich bewußt sammelt. Bei anderen Qi-Gong-Übungen, bei denen die Methoden des Sich-Bewußt-Sammelns nicht angegeben sind, ist es hilfreich, sich am eigenen Wesen, an der Gemütslage, an dem Behandlungsziel oder an der Erkrankung orientieren.

Welche Methode des "Sich-Bewußt-Sammelns" sollte ausgesucht werden?

Wenn man unruhig ist, es einem schwer fällt oder unangenehm wird, sich gedanklich an eine Körperstelle zu binden oder auch bei Übungen, die mit offenen Augen durchgeführt werden, kann man die Methode des Sich-Bewußt-Sammelns außerhalb des Körpers anwenden. Ist man jedoch (relativ) ruhig und mit dem Übungsablauf einigermaßen vertraut oder bei Übungen, die mit geschlossenen Augen durchgeführt werden, kann man das Sich-Bewußt-Sammeln innerhalb des Körpers versuchen. Es erweist sich als Vorteil, wenn am Anfang die Atmung aufmerksam beobachtet und gespürt und sich nicht auf eine Stelle des Körpers konzentriert wird. Nachdem man so gelernt hat, besser nach innen hinein zu schauen, kann man versuchen, die Bewußtheit an eine bestimmte Körperstelle zu führen.

Als Körperstelle, an der die geistige Energie gesammelt wird, wird häufig das obere, mittlere oder untere Dan-Tian (siehe S. 31 ff.) ausgesucht. Außerdem kann man auch erkrankte Körperstellen (wie den Magen bei Magenbeschwerden, die Brustmitte bei Herzbeschwerden, das Ohr bei Schwerhörigkeit, das Knie bei Kniegelenkschmerzen etc.) oder bestimmte Akupunktur-Punkte dafür einsetzen, z. B.:

— *Ming-Men (LG 4)*, unter dem zweiten Lendenwirbel, bei chronischer Nierenfunktionsschwäche, Lenden-Kreuzschmerzen und Durchblutungsstörungen im Bein,
— *Zu-San-Li (MA 36)*, vier Finger breit unterhalb des Kniegelenks außerhalb vom Schienenbein, bei Verdauungsstörungen und Magen-Darm-Erkrankungen,
— *San-Yin-Jiao (MP 6)*, vier Finger breit oberhalb des inneren Knöchels, bei Beschwerden der Niere, Harnblase und sexuellen Funktionsstörungen,
— *Yong-Quan (N1)*, an der Fußsohle, bei Hypertonie und Durchblutungsstörungen im Bein oder
— *Bai-Hui (LG 20)*, der Scheitelpunkt, bei hypotonischen Kreislaufbeschwerden und Magen- oder Gebärmuttersenkung bzw. Aftervorfall.

Das untere Dan-Tian liegt im unteren Abdomen. In seiner unmittelbaren Nähe befinden sich eine Reihe von Akupunkturpunkten, die große therapeutische Bedeutung besitzen. Unter anderem Qi-Hai (KG 6), Guan-Yuan (KG 4), Zhong-Ji (KG 3), Yang-Guan (LG 3) und Ming-Men (LG 4). Nach Auffassung der TCM stammt das Qi von Du-Mai (Lenkergefäß), Ren-Mai (Konzeptionsgefäß), Chong-Mai (Vitalgefäß) und Dai-Mai (Gürtelgefäß) aus dem Dan-Tian bzw. wird von dem Dan-Tian gesteuert. Über diese vier Sonder-Meridiane wird das gesamte Meridiansystem vom Dan-Tian reguliert.

Warum sollte das Sich-Bewußt-Sammeln im unteren Dan-Tian erfolgen?

Es wurde unter anderem beobachtet, daß sich das bewußte Sammeln im unteren Dan-Tian eine körperliche und geistige Regeneration herbei führen, die Gesundheit stabilisieren und eine Krankheit kurieren kann. Diesen Wirkungen, im Sinne der Mobilisierung der vitalen Energie (Yuan-Qi), verdankt das Dan-Tian auch seinen Namen.

Außerdem läßt sich das bewußte Sammeln im unteren Dan-Tian durch seine praktische Lage in der Mitte des menschlichen Körpers, die empfohlene Zwerchfellatmung und das dadurch entstandene typische Qi-Gefühl leichter praktizieren als an anderen Körperstellen. Zudem erleichtert das Sich-Sammeln im Dan-Tian, in umgekehrter Weise, die Gestaltung der Zwerchfellatmung.

Was kann im Zustand der tiefen Versenkung erlebt werden?

Bei der Qi-Gong-Meditation reduzieren sich die Aktivitäten des Zentralnervensystems auf ein minimales Niveau (sog. Alpha-Zustand, der auch in Tiefschlafphasen im Gehirn nachweisbar ist). Dies wird unter anderem durch die bewußte Sammlung im Dan-Tian und die Regulation des Atem begünstigt. Im Alpha-Zustand kann sich die Großhirnrinde optimal regenrieren und die Fähigkeit, mit seinen Sinnen wahrzunehmen, wird gesteigert.

Aus diesem Grund fühlt man sich nach der Übung im allgemeinen ausgeglichen, entspannt, gelassen und erfrischt. Während der Meditation kann man sich auf unterschiedliche Weisen erleben. Oft erscheinen an einigen Stellen oder im ganzen Körper angenehme Phänomene wie Wärme, Kühle, Zittern, Kribbeln, Taubheit, Entspannung, Spannung, Dehnung, Leichtigkeit, Schweben, Schwere etc.. Manchmal sieht man Licht oder verschiedene Farben in unterschiedlicher Intensität, die sich verändern können. Bekannte und unbekannte Szenarien können vor den Augen auftauchen, z. B. der eigene Körper fühlt sich an, als verändere er seine Größe. Manchmal kann man nur einen Teil des eigenen Leibes oder den ganzen Körper gar nicht spüren, so, als ob man mit dem Bewußtsein den leiblichen Körper verlassen würde. Zuweilen verliert sich das Zeit- und Raumgefühl.

Das sind ganz normale Reaktionen der körperlichen und geistigen Entspannung und der relativen Steigerung der Sinneswahrnehmungsfähigkeit. Sie kommen von allein und vergehen von selbst. Unter anderem sind sie Zeichen für das Erreichen der tiefen Versenkung, die aber auch für die Effektivtät der Übung (Meditation) sprechen. Jedoch sollte man nicht nach diesen Phänomenen streben, weil man sich sonst sowohl körperlich als auch innerlich verkrampft. Dadurch würde zumindest eine Voraussetzung für die tiefe Versenkung beeinträchtigt werden.

Andererseits sollte man sich nicht durch diese Erlebnisse verunsichern lassen. Sicherlich können sie manchmal auch unangenehm werden, z. B: wenn sie sehr intensiv oder ganz fremd sind. In seltenen Fällen können auch heftige Emotionen und furchterregende Szenarien auftreten. Dann sollte man sich weiterhin ruhig und gelassen verhalten und die Aufmerksamkeit verstärkt auf das Dan-Tian richten. Nach einer Weile werden diese Gedanken nachlassen.
Durch die Anwesenheit eines erfahrenen Lehrers oder in einer Gruppe kann man oft mehr Sicherheit gewinnen und leichter die unbewußten Bedenken ausräumen. Wenn man die oben genannten Emotionsausbrüche bei der Meditation häufiger erlebt, kann es ein Zeichen für unverarbeitete Erfahrungen oder Konflikte sein. Man sollte sich dann bewußt damit auseinandersetzen und gegebenenfalls eine Fachberatung oder Therapie beanspruchen.

Welche Einflüsse üben die Körperhaltung und die Atmung aus?

Die Körperhaltung, die Bewegungen, die Atmung und die geistige Aktivität sind die wichtigen Elemente des Qi-Gong. Über die Wechselbeziehungen von geistiger Aktivität und das tiefe Versenken wurde bereits gesprochen (siehe Kapitel um "Ru-Jing", S. 33ff). Jetzt werden die Wechselbeziehungen zwischen dem Sich-Versenken einerseits und der Körperhaltung, Bewegung und Atmung andererseits dargestellt.

Die Körperhaltung und die Bewegung haben einen starken Einfluß auf den Vorgang des Sich-in-die-innere-Stille-Versenkens. Wenn man die empfohlenen Körperhaltungen nicht korrekt einnimmt oder die vorgeschriebenen Bewegungen nicht korrekt ausführen kann, geraten Teile des Körpers in einen übermäßigen Spannungszustand. Diese ungewollte Verspannung verursacht unter anderem eine verstärkte geistige Anspannung und als Folge davon treten eine innere Unruhe und reflektorisch eine Übererregung der Großhirnrinde auf. Nur wenn man sich körperlich sowohl in Ruhe als auch in Bewegung maximal entspannen kann (ohne dabei schlaff zu werden), wird es möglich, unnötige geistige Aktivitäten zu vermeiden und einen Zustand des Sich-Versenkens zu erreichen.

Die Atmung übernimmt meist die Schlüsselrolle bei der geistigen Konzentration, besonders bei Übungen in Ruhe. Man setzt die Atmung, in der Regel die Zwerchfellatmung, ein, um sich gedanklich im Dan-Tian zu sammeln. Die Fähigkeit, die Atmung richtig zu regulieren (siehe Atemtechnik, S. 39 ff.), ist somit maßgebend für die geistige Konzentration. Diese ist bekanntlich entscheidend für die innere Ruhe und die tiefe Versenkung. Daher sagt man: *"Wenn die Atmung (richtig) reguliert ist, ruht der Gedanke"* (Tiao-Xi Ze Xin-Ding). Die ruhige, gleichmäßige, langsame, tiefe, feine und natürliche Atmung fördert die innere Ruhe und Gelassenheit.

Die körperliche Entspannung, die man nur bei korrekter Haltung und Bewegung erreichen kann, ist wiederum eine wichtige Voraussetzung, um die Atmung nach den obengenannten Kriterien zu regulieren. Es kommt nicht von ungefähr, wenn meistens folgende Vorgehensweise empfohlen wird: *Zuerst bei freier Atmung die Haltung und die Bewegung erlernen, dann die Atmung regulieren und zum Schluß versuchen, sich in sich zu versenken.*

Die erwähnten Faktoren gehen Hand in Hand und bedingen sich wechselseitig. Wenn man körperlich angespannt ist, wenn die Atmung nicht reguliert wird, dann wird man innerlich unruhig sein und sich kaum versenken können, weil zwangsläufig Tausende Gedanken auftauchen. Andererseits kann man sich körperlich leichter entspannen, um die Haltung bzw. Bewegungen korrekt zu gestalten und man kann ruhiger, tiefer, langsamer und gleichmäßiger atmen, wenn man sich einigermaßen in die innere Stille versenken kann.

Welche weitere Faktoren beeinflussen das Sich-Versenken?

Neben Körperhaltung und Atmung gibt es weitere Faktoren, die das Sich-Versenken fördernd oder störend beeinflussen können:

a) fördernde Faktoren:
– *Ein ruhiger Übungsort mit hellen und angenehmen Lichtverhältnissen.*
Die Großhirnrinde wird nicht gereizt und die innere Ruhe und Konzentration gefördert.
– *Eine angenehme Temperatur und frische Luft.*
Die angenehme Wärme (18-20 Grad Celsius) unterstützt die Entspannung und die frische Luft fördert die geistige Wachheit.
– *Innere Gelassenheit und positive Einstellung.*
Sie fördern die geistige Konzentration und erleichtern das Erlernen sowie das Üben.
– *Eine korrekte Durchführung der Übung.*
Wenn man sich an die empfohlene Übungsweise hält, auch wenn sie langsam und einfältig erscheinen, kann man sich viele unnötige Verzögerungen, Umwege und Rückschläge ersparen.
– *Geduld und Ausdauer.*
Wie bei anderer Körperarbeit auch sollte man geduldig und mit Ausdauer üben, um weiter zu kommen. Hierfür ist die eigene Intitiative für die aktive Arbeit an sich selbst(Selbstdisziplin) gefragt.

b) störende Faktoren:
– *Psychische Belastung und Gedankengänge.*
Man kann dadurch von innerer Unruhe erfaßt werden.
– *Voreiliges und krampfhaftes Bemühen und Erwartungen.*

Beides ruft psychische Anspannungen hervor und lenkt von der geistigen Konzentration ab.
– *Schmerzen und andere starke Beschwerden.*
Diese stören die Entspannung, die innere Ruhe und die Konzentration.

Ferner spielt die geistige Schulung, die Reife, eine Rolle. Manche können trotz störender Faktoren ruhig bleiben und weiter üben, andere sind leicht zu stören. Auch die persönliche Einstellung, die psychische Stimmung und das Alter können für die Fähigkeit des Sich-Versenkens entscheidend sein.

Soweit es möglich ist, sollte man versuchen, die fördernden Faktoren optimal auszunutzen und die störenden Faktoren zu meiden. Wenn man Schwierigkeiten hat, sich tief zu versenken, sollte man in Ruhe prüfen, was die störenden Faktoren sind. Nach Beseitigung dieser Störungen kommt man dann leichter wieder in die tiefe Versenkung.

Hier werden Lösungsbeispiele für zwei Ursachen gegeben. Wenn man merkt, daß man sich durch die wirren Gedankengänge ablenkt, sollte man ruhig bleiben und erneut versuchen, sich gedanklich im Dan-Tian zu sammeln. Wenn dieser Versuch scheitert, kann die Übung ruhig unterbrochen und zuerst der Gedankengang verfolgt werden. Wenn man den Gedankengang zu Ende oder bis zu einem bestimmten Punkt verfolgt hat, kann die Ruhe von alleine wieder zurückkehren. Oder man hört mit dem Üben auf und versucht es später nochmal, nachdem die "Gedankenknoten" sich von selbst gelöst haben.

Wenn das Sich-Versenken durch einen voreiligen oder starken Wunsch unmöglich gemacht wird, ist es gut zu wissen, daß "Gutding Weile" braucht. Das Sich-Versenken kann nur mit der Zeit und durch wiederholte Übung schrittweise erlernt werden.
Nicht nur Offenheit, sondern auch Geduld und Gelassenheit sind für die tiefe Versenkung unabdingbare Vorrausetzungen. Der Wunsch, die tiefe Versenkung zu erreichen, ist ein Gedankengang. Bei einem starkem Wunsch ist der Gedankengang entsprechend intensiv. Dadurch kann der Geist kaum ruhen und ohne die innere Ruhe ist die tiefe Versenkung nicht zu erreichen.

Welche Bedeutung hat die geistige Energie beim Qi-Gong?

Yi-Nian bedeutet wörtlich Meinung, Gedanke, Vorstellung, Absicht, Wille, Geist, Bewußtsein, Idee, Bedeutung, Sinn etc.

Beim Qi-Gong sind damit die geistigen Aktivitäten gemeint, die man z. B. beim Sich-Sammeln und bei der Gestaltung der Körperhaltung einsetzt. Diese geistige Energie ist dabei nicht nur als Konzentration zu verstehen, sondern auch als die Bewußtheit bei der Ausführung sowie als die Vorstellung (Imagination) von der jeweiligen Übung und von deren Sinn.

Beim Qi-Gong sollte jeder Vorgang mit der höchstmöglichen Konzentration und mit einer bewußten Vorstellung von diesem Vorgang ausgeführt werden.
Zum Beispiel sollte man bei der stehenden Säule (Zhan-Zhuang) nicht nur die empfohlene Haltung korrekt einnehmen, sondern auch sich den Körper wie eine Säule vorstellen, die tief in der Erde wurzelt und sich dabei auf die Bedeutung dieser Säule besinnen.
Nur so kann man die subtile, jedoch beabsichtigte Bedeutung dieses Vorgangs nachvollziehen und erfahren. Die Haltung und Bewegung gewinnt dann an Ausdruck und die Wirkungen können sich in vollem Umfang entfalten. Genau das ist gemeint, wenn man beim Qi-Gong davon spricht, "Durch den Willen das Qi führen" (Yi-Yi Ling-Qi), "Das Qi kommt dorthin, wo der Gedanke ist" (Yi-Dao Qi-Dao) und "Die Gestalt folgt der Absicht/Vorstellung" (Yi-Dong Xing-Dong).

73

Das Üben

Wie sollte die Vorbereitung auf die Übung sein?

Eine optimale Vorbereitung kann wesentlich zu dem Erfolg der Übung beitragen. Deshalb sollte man der nötigen Vorbereitung genügend Aufmerksamkeit schenken.

Als erstes sollte man etwa 20-30 Minuten vor der Übung keiner intensiven geistigen oder anstrengenden körperlichen Arbeit nachgehen. Es ist ratsam, durch Ruhen oder einen gemütlichen Spaziergang eine innere Gelassenheit und körperliche Entspannung herbeizuführen.

Bei Aufregung empfiehlt es sich, die Ursachen der Aufregung herauszufinden und sie zu beseitigen (siehe auch "Störende Faktoren", S. 70f). Wenn dies nicht gelingt, sollte man vorerst nicht üben und sich eventuell durch andere Aktivitäten von den störenden Faktoren ablenken.

Lockere Kleidung aus Naturfasern, in denen man sich wohlfühlen, bewegen und ungehindert atmen kann, sollte zum Üben angezogen werden. Eventuell kann man auch textilfrei (z. B. im Liegen) und nur durch eine warme Decke zugedeckt üben.

Es ist sinnvoll, den Darm und die Harnblase entleeren und gegebenenfalls die Atemwege freizumachen (z. B. die Nase putzen, den Schleim aus den Bronchien auswerfen).

Wenn man möchte, kann man ein warmes Getränk zu sich nehmen. Jedoch keine anregenden Getränke wie schwarzen Tee oder Kaffee, weil diese unter anderem die innere Ruhe beeinträchtigen können.

Dann sollte man einen ruhigen, warmen Platz mit angenehm hellem Licht und frischer Luft zum Üben aussuchen. Wenn man im Sitzen oder Liegen übt, sollten die dazu benötigten persönlich passenden Utensilien wie Decke, Sitzpolster, Hocker oder Stuhl etc. bereitgestellt werden, so daß später keine unnötige Unterbrechung der Übung gemacht werden muß.

Was sollte beim Ende einer Übung beachtet werden?

Bei Qi-Gong-Übungen befindet man sich oft im Zustand der tiefen inneren Stille. Daher ist es sehr wichtig, sich für das Wachwerden genügend Zeit zu nehmen und die Übung bewußt zu beenden, um sich danach angenehm zu fühlen.

Ähnlich wie nach einem tiefen, langen Schlaf braucht der Mensch auch einige Zeit, um wach zu werden. Wenn man plötzlich aus tiefem Schlaf gerissen wird, fühlt man sich auch unwohl, bekommt einen schweren Kopf, spürt eine gewisse geistige Leere oder ist orientierungslos.

Dieses bewußte Beenden einer Qi-Gong-übung nennt man *Shou-Gong* (abschließende Handlung). Häufig wird sie bereits in die Übung eingebaut. Wenn sie nicht mit angegeben ist, kann man im allgemeinen wie im folgenden beschrieben die Übung beenden:

a) *Im Liegen:*
Man verläßt langsam gedanklich den Ort, an dem man sich gesammelt hat, reguliert die Atmung nicht mehr und nimmt bewußt den Raum (die Umgebung) durch Hören und Riechen wahr.

Wenn man sich wach genug fühlt, können in Ruhe die Augen geöffnet werden. Es ist sinnvoll, weiterhin liegen zu bleiben, und mit den Händen (eventuell vorher anwärmen) das Gesicht sanft zu reiben und die Augen, den Kopf, den Nacken, die Schultern leicht zu massieren. Wenn man will, kann man sich auch recken und gähnen.

Abschließend bringt man die Beine hoch und bewegt die Füße einige Male langsam kreisend wie beim Radfahren, damit der Kreislauf wieder in Schwung kommt. Erst danach sollte man sich aufsetzen oder aufstehen.

b) *Im Sitzen:*
Das Wachwerden wird hier ähnlich wie bei den Übungen im Liegen gehandhabt: den Ort der geistigen Sammlung verlassen, Atmung nicht mehr bewußt regulieren, den Raum bzw. die Umgebung durch Geräusche und Geruch wahrnehmen. Danach sollte man ebenfalls das Gesicht mit den Händen reiben und den Kopf etc. massieren. Eventuell streckt und schüttelt man die Beine, reckt die Arme und den Körper. Nach einer kurzen Weile kann man dann aufstehen.

c) *Im Stehen* (mit oder ohne Bewegung):
Man bringt die Hände hängend vor den Bauch, so daß die Finger zueinander und die Handflächen nach oben zeigen. Dann führt man die Hände während der Einatmung langsam hinauf, am Körper vorbei bis zum Hals. Währenddessen streckt man die Beine locker gerade. Danach führt man die Hände während der Ausatmung mit nach unten gezeigten Handflächen wieder so hinunter.
Gegebenenfalls wiederholt man diesen Vorgang einige Male. Bei der Wiederholung kann man die Beine wieder herunter beugen, während die Hände hinunter geführt werden. Danach reibt man die Hände warm, um das Gesicht und den Kopf damit zu massieren.

d) *Im Gehen:*

Da man hierbei geistig relativ wach bleibt, bedarf es kaum besonderer Handlungen, um wach zu werden. Meist bleibt man am Übungsende einfach stehen und entspannt den Körper bewußt. Mit dem Blick kann der Raum bzw. die Umgebung wahrgenommen werden. Es sollte abgewartet werden, bis die Atmung und der Herzschlag einigermaßen ruhig geworden sind.

Zum Abschluß kann die gleiche Übung wie im Stehen durchgeführt werden oder die Hände werden, wie beim Beten, vor dem Körper zusammengefaltet. Danach kann man sich frei bewegen.

Diese Frage müßte individuell, je nach Konstitution, Alter, Tagesablauf, eventueller Erkrankung und Zielsetzung, beantwortet werden. Prinzipiell sollte man nach der Übung nicht müde sein und sich ausgeglichen, entspannt und wohl fühlen.

Am Anfang, in der Gewöhnungsphase, kann ein leichter Muskelkater auftreten. Anders ist es jedoch, wenn sich starke Schmerzen in den Muskeln einstellen. Dann sollte man das Belastungsprogramm und die Technik (Körperhaltung, Bewegung etc.) überprüfen. Unter Umständen sollte man sich Ratschläge von einem erfahrenen Lehrer oder dem behandelnden Arzt holen. Wichtig ist, daß keine Überanstrengung passiert, damit die Genesung und die Heilung nicht beeinträchtigt werden.

Erwachsene und Menschen, die körperlich gut gebaut sind oder nur eine leichte Erkrankung haben, können im allgemeinen mehr Belastung ertragen und länger üben. Für sie wird eine Übungsdauer von ein bis zwei Stunden pro Tag empfohlen.

Kinder, ältere Menschen und Menschen, die körperlich relativ geschwächt sind oder eine schwere Erkrankung haben bzw. sich in der Genesungsphase nach einer schweren Erkrankung befinden, können sich in der Regel weniger belasten und sollten auch nicht zu lange üben. Es genügt eine Gesamtübungsdauer von 20-30 Minuten, maximal eine Stunde am Tag.

Wann, wie oft und wie lange sollte geübt werden?

Für die Vorbeugung und die Förderung der Genesung genügt in der Regel eine Übungsdauer von insgesamt einer halben bis einer Stunde am Tag. Bei der Krankheitsbehandlung könnte die Übungsdauer auf etwa drei bis vier Stunden ausgedehnt werden, soweit es der Zustand des Patienten erlaubt und die Übungen unter ärztlicher Aufsicht durchgeführt werden, wie in einem Sanatorium oder in einer Klinik. Denn manche schwere Erkrankungen benötigen eine entsprechend intensive Behandlung.

Selbstverständlich kann die gesamte Übungsdauer (sowohl für den gesunden als auch für den kranken Menschen) auf mehrere Etappen am Tag verteilt werden. Bei einer Krankheitsbehandlung, die einer langen Behandlungsdauer bedarf, wird empfohlen, die Übungsdauer allmählich und vorsichtig, entsprechend der Besserung des Zustands, zu verlängern, bis die für die Behandlung benötigte Dauer erreicht ist.

Zur Vorbeugung und zur Behandlung einer Krankheit wird eine längere Zeitspanne benötigt. In der Regel werden mehrere Wochen bis Monate veranschlagt, um die Wirkung, d. h. die Stabilisierung bzw. Besserung des Zustands oder die Linderung der Beschwerden bzw. Heilung der Krankheit, deutlich erkennen zu können.
Auch wenn die Besserung des Zustands oder die Linderung der Beschwerden manchmal schon bald nach Übungsbeginn sichtbar bzw.

spürbar werden, sollte man weiter üben, bis die Besserung oder Heilung wirklich stabilisiert ist. Für die Aufrechterhaltung der Gesundheit müßte konsequenterweise – neben anderen Maßnahmen – ohnehin lebenslang regelmäßig geübt werden.

Es wird gewöhnlich empfohlen, früh am Morgen (vor sieben Uhr) oder am Spätnachmittag bzw. am frühen Abend (nach 16 Uhr) zu üben, weil man vor der Aufnahme oder nach der Beendigung des wichtigen Teils des Tagesablaufs (wie Beruf, Haushalt etc.) mehr Zeit und Ruhe hat. Innere Ruhe, gute Aufnahmefähigkeit und die eigene Bereitschaft (Lust) zum Üben sind an sich die wichtigsten Kriterien dafür, wann man üben sollte.
Ein voller Magen, Hunger und die Mittagshitze (im Sommer), wenn der Blutkreislauf stark beansprucht, man müde bzw. unruhig wird, sind die einzigen Gründe, warum man nicht üben sollte. Gegebenfalls kann man den eigenen Biorhythmus beobachten, um die beste Tageszeit zum Üben herauszufinden.

Selbst während der Arbeit (im Beruf und in der Schule) kann Qi-Gong geübt werden. Dadurch kann man sich rasch regenerieren und die Arbeit wieder mit Aufmerksamkeit und Konzentration aufnehmen. Wenn man überhaupt von Leistung reden will (es sollte nicht das einzige Ziel des Qi-Gong sein) und wenn Zeit kostbar ist (man sagt ja stets, man hätte keine Zeit!), dann ist eine erholsame Pause mit Qi-Gong-Übungen keine Zeitvergeudung. Im Gegenteil: Sie erhöht die Leistungs- und Aufnahmefähigkeit.

Zum Schluß noch eine Bemerkung: Viel oder lange zu üben, ist nicht immer Garantie für eine gute Wirkung. Wenn man angestrengt ist und nach der Übung eher schlaff, müde und ausgelaugt ist, dann tut man sich und der Gesundheit keine guten Dienste.
Vielmehr schadet man sich durch diesen Übereifer. Der Körper wird unnötigerweise zusätzlich belastet, die Muskeln, Bänder und Gelenke können durch Überbeanspruchung (Mikroverletzung) geschädigt werden und die Genesung kann verzögert oder sogar verhindert werden. Daher ist stets die eigene Belastbarkeit zu berücksichtigen.
Nach der Übung sollte man sich wohlfühlen und noch einen Rest von Lust (angenehme Nachwirkung) spüren können. Ähnlich wie bei einem guten Essen, nach dem man noch immer einen kleinen Appetit haben sollte.

Also lieber *mäßig aber, regelmäßig!*

Qi-Gong und Sexualität

Die Ärzte im alten China haben beobachtet, daß ein ausschweifendes Sexualleben erwiesenermaßen die Antriebskraft und die Abwehrlage beeinträchtigt, wenn dieses Streß für den Organismus bedeutet. In China geht man oft davon aus, daß übermäßige sexuelle Aktivitäten die Konzentration ablenken und dadurch die Übung stören können – zumal Enthaltsamkeit auch eine Prüfung der eigenen Willensstärke bedeuten kann.

Wie sollte das Sexualleben geregelt werden?

Wenn man eine solche sexuelle Klausur bestanden hat, kann sie positiv auf die Willensbildung, im Sinne von Schulung der Fähigkeit, bewußt mit der eigenen geistigen Energie umzugehen, einwirken. Diese Fähigkeit der geistigen Schulung und Steuerung ist ein wichtiger Bestandteil der Qi-Gong-Übungen (siehe Sich-Versenken, S. 33ff und Sich-Bewußt-Sammeln, S. 61ff). So ist es verständlich, warum eine sexuelle Enthaltsamkeit bei der Qi-Gong-Behandlung oft empfohlen wird.

Ferner vertreten viele chinesische Ärzte und Qi-Gong-Meister die Ansicht, daß Samen und Eizellen eine Form (Metamorphose) wertvollster (feinstofflicher) Essenz und Energie ist, die bei sexueller Ausschweifung verloren werden kann; bei Männern durch die vermehrten Samenergüsse und bei Frauen durch die häufigen Schwangerschaften (man möge den Umstand, daß es früher keine sicheren Verhütungmöglichkeiten gab, in Betracht ziehen). Dadurch wird der Organismus über Gebühr belastet, die Funktions- und die Regulationsfähigkeit werden dabei gestört.

Deswegen wird die sexuelle Enthaltsamkeit bei vielen Qi-Gong-Schulen immer noch, in vielen Fällen unnötigerweise, sehr streng gehandhabt. Manche Qi-Gong-Schulen, insbesondere die daoistischen Schulen, haben daraus spezielle sexuelle Techniken als Qi-Gong-Übung entwickelt, in der der Samenerguß bei vollem Lustgenuß (Erreichen des Orgasmus) der beiden Partner vermieden wird. Diese Technik wird auch als die höchste Kunst der sexuellen Lustbarkeit angesehen. Nun, ob es wirklich so ist oder praktikabel und erstrebenswert erscheint, muß jeder für sich und in Übereinstimmung mit dem Partner entscheiden.

Andererseits haben viele Altmeister des Qi-Gong und Klassiker der traditionellen chinesischen Medizin schon immer die Meinung vertreten, daß ein erfülltes Sexualleben für die Gesundheit, die Harmonie und das Glück in der Partnerschaft sehr wichtig ist. Sexualität, wie immer sie auch sei, ist ein Bestandteil des normalen Lebens.
Der alte Gelehrte Kong-Zi (Konfuzius) sagte: "Eßgenuß und Sexualität sind menschliche

Natur" (Shi-Se Xing-Ye). Ein totales Sexual-
verbot, besonders für längere Zeit, kann daher nur von wenigen Menschen (mit sehr
starkem Willen) eingehalten werden.

Zuviel oder zu wenig Sexualität ist eine Frage
der Individualität, des Bedürfnisses und der
Konstitution. Was dem einen zuviel ist, kann
dem anderen zu wenig sein. Daher ist es recht
schwierig, eine allgemeine Regel zu finden.
Jedoch kann man sich in etwa an folgende
Empfehlungen halten:

Für halbwegs gesunde Menschen oder bei
einer leichten Erkrankung gibt es prinzipiell
keine Notwendigkeit, während der Qi-Gong-
Anwendung sexuell enthaltsam zu leben. Im
Gegenteil, ein erfülltes Sexualleben kann positiv auf die seelische Ausgeglichenheit, die
geistige Spannkraft und das körperliche
Wohlbefinden einwirken.

Bei deutlicher körperlicher Schwäche oder
bei einer schweren Erkrankung kann man die
Häufigkeit der Kopulation in der Anfangspha-
se der Qi-Gong-Anwendung etwas reduzieren. Solange man am Tag danach nicht er-
schöpft ist, kann man davon ausgehen, daß es
der Gesundheit nicht schädlich ist.

Bei Qi-Gong-Übungen des Sich-Bewußt-Sammelns im Dan-Tian oder mit Anheben des
Beckenbodens kann manchmal eine sexuelle
Empfindung bei Männern als auch bei Frauen,
besonders bei sexueller Zurückhaltung oder

Enthaltsamkeit, hervorgerufen werden. Diese Reaktion ist ganz normal. Zugleich nimmt die Libido parallel mit der Besserung des Zustands zu. Wenn der Zustand stabilisiert bzw. verbessert wird, braucht man eine sexuelle Zurückhaltung nicht mehr auszuüben.

Die sexuelle Zurückhaltung, soweit sie notwendig ist, kann leichter werden, wenn man das Verständnis des Partners für das Vorhaben gewinnen kann und der Sinn durch ein Gespräch geklärt wird.

Grundsätzlich besteht keine Gefahr, während der Menstruation und der Schwangerschaft Qi-Gong zu üben. Im Gegenteil, viele Qi-Gong-Übungen können Beschwerden bei, vor und nach der Menstruation und Unwohlsein sowie Übelkeit während der ersten Schwangerschaftsmonate gut behandeln.

Darf während der Menstruation und Schwangerschaft geübt werden?

Vereinzelt können Veränderungen der Menstruation wie Zyklusverschiebungen und Schwankungen der Blutungsmenge nach einer Qi-Gong-Übung auftreten. So lange die Frauen keine Beeinträchtigung des Wohlbefindens spüren, bestehen keine Bedenken für die Fortsetzung der Übung.

Anders ist es bei vermehrter bzw. verstärkter Blutung. In diesem Fall sollten die Übenden sich gedanklich nicht mehr in dem unteren Dan-Tian oder Unterleib konzentrieren. Vielmehr sollten sie sich bewußt am oberen bzw. mittleren Dan-Tian oder an anderen Stellen fern von der Gebärmutter wie Yong-Quan (N1) in der Fußsohle oder Bai-Hui (LG 20) auf dem Scheitel sammeln.

Alternativ können sie die Methode des Sich-Bewußt-Sammelns außerhalb des Körpers anwenden (siehe S. 61f.) oder keine tiefe Zwerchfellatmung mehr einsetzen. In der Regel läßt sich die Störung dadurch beseitigen. Wenn dies nicht der Fall ist, sollte man für die Dauer der Menstruation die Übungen unterbrechen.

Qi-Gong kann die Schwangerschaft nicht gefährden. Im Gegenteil, die meisten Qi-Gong-

Übungen können das Wohlbefinden der Schwangeren sicherstellen und die Entwicklung des Kindes fördern. Viele Qi-Gong-Übungen eignen sich aufgrund ihrer beruhigenden und entspannenden Wirkung zur Geburtsvorbereitung.

Die Übungen im Stehen und Gehen sind häufig in den späteren Schwangerschaftmonaten anstrengend. In solchen Fällen kann die einzelne Übungsdauer verkürzt und eventuell in mehrere Etappen am Tag aufgeteilt werden. In dieser Zeit können die Frauen mit dem Zwerchfell nicht mehr so gut in den Bauch hinein atmen. Sie sollten bei der Übung stattdessen die normale Brustatmung einsetzen.

Vereinzelt können bei einigen Frauen ein leichtes Zusammenziehen der Gebärmutter oder Bewegungen des Kindes im Mutterleib vorkommen. In diesem Fall sollten die Frauen mit den Gedanken nicht mehr im Dan-Tian bleiben oder vorsichtshalber aufhören zu üben. Eine Früh- oder Fehlgeburt durch Qi-Gong-Anwendungen wurde in China noch nicht beobachtet.

Sachwortregister

Literaturverzeichnis

Hu, Haichang / Wu, Qiyao: Sammlungen von wissenschaftlichen Abhandlungen über Qigong (Qigong Kexue Wenji), Verlag der Hochschule für Naturwissenschaften und Ingenieurwesen, Beijing 1989

Lin, Hai: Qigong-Wissen für gesundes Leben (Yangsheng Qigongxue), Verlag für Wissenschaft und Technik, Guangdong 1987

Lin, Hesheng / Luo, Peiyu: 300 Fragen über Qigong (Qigong Sanbaiwen), Verlag für Wissenschaft und Technik, Guangdong 1983

Ma, Jiren: Chinesisches Qigong-Wissen (Zhongguo Qigongxue), China Book Press, Hongkong 1985

Ma, Litang: Qigong-Übungen für gesundes Leben (Yangqigong Jianshenfa), Volkssport Verlag, Beijing 1985

Qiu, Ling: Auswahl von populären Qigong-Übungen in China (Zhongguo Liuxing Qigongxuan), Verlag für Wissenschaft und Technik, Guangdong 1987

Qiu, Ling: Auswahl von populären Qigong-Übungen in China, Fortsetzung (Zhongguo Liuxing Qigongxuan Xupian), Verlag für Wissenschaft und Technik, Guangdong 1988

Qiu, Ling: Qigong-Auswahl aus Taiwan (Taiwan Qigong Jingxuan), Verlag für Wissenschaft und Technik, Guangdong 1990

Redaktion des chinesischen Qigong-Magazins: Qigong für gesundes Leben (Yangsheng Qigong), Verlag für chinesische Elite, Beijing 1989

Tao, Xiong u.a.: Qigong-Auswahl (Qigong Jingxuan), Volkssport-Verlag, Beijing 1981

Tao, Xiong u.s.: Qigong-Auswahl, Fortsetzung (Qigong Jingxuan Xupian), Volkssport-Verlag, Beijing 1985

Wang, Meizhi: Anleitung für Qigong-Praxis (Qigong Xiulian Zhinan), Verlag für Wissen, Beijing 1991

Wang, buxiong / Zhou, Shiyong: Entwicklungsgeschichte der chinesischen Qigong-Wissenschaft (Zhongguo Qigong Xueshu Fazhanshi), Verlag für Wissenschaft und Technik, Hunan 1989

Zhang, Liutong u.a.: Qigong-ABC (Qigong Ruxue), Verlag für populäre Wissenschaft, Beijing 1989

Zhao, Baofeng: 100 Fragen über Qigong-Therapie (Qigong Liaofa Yibaiwen), Volksverlag, Gansu 1984

Das große Wörterbuch der traditionellen chinesischen Medizin - Teilausgabe für Akupunktur, Heilmassage, Qigong und gesunde Lebensführung (Zhongyi Dacidian - Zhejiu, Tuina, Qigong, Yangsheng Fence), Verlag für Volksgesundheit, Beijing 1986

Wörterbücher

Das Neue Chinesisch-Deutsche Wörterbuch (Xin Hande Cidian), Commerz-Verlag, Beijing 1985

Lu, Jinchuan: Wörterbuch der trditionellen Terminologie in Qigong (Qigong Chuantong Shuyu Cidian), Verlag für Wissenschaft und Technik, Sichuan 1988

Ma, Jiren: Praktisches Wörterbuch des medizinischen Qigong (Shiyong Zhongyi Qigong Cidian), Verlag für Wissenschaft und Technik Shanghai 1989